# 基于豪斯多夫距离的图像检索方法研究

车 畅　兰文宝　著

中国纺织出版社有限公司

**图书在版编目（CIP）数据**

基于豪斯多夫距离的图像检索方法研究 / 车畅，兰文宝著．— 北京：中国纺织出版社有限公司，2020.1（2024.2重印）

ISBN 978-7-5180-6492-2

Ⅰ．①基… Ⅱ．①车… ②兰… Ⅲ．①图象数据库—信息检索 Ⅳ．① G254.927

中国版本图书馆 CIP 数据核字 (2019) 第 162494 号

责任编辑：郭婷　　责任印制：储志伟

中国纺织出版社有限公司出版发行
地址：北京市朝阳区百子湾东里 A407 号楼　邮政编码：100124
销售电话：010—67004422　传真：010—87155801
http://www.c-textilep.com
中国纺织出版社天猫旗舰店
官方微博 http://www.weibo.com/2119887771
北京兰星球彩色印刷有限公司印刷　各地新华书店经销
2020 年 1 月第 1 版　2024年2月第2次印刷
开　本：710mm × 1000mm　1/16　印张：6.25
字　数：116 千字　定价：45.00 元

凡购本书，如有缺页、倒页、脱页，由本社图书营销中心调换

# 前　言

图像因其具有携带信息量大的突出优点而成为最高效的信息存储、传输和表达方式。各种移动终端设备以及数码相机等图像设备已在全社会得到普及，图像数量资源呈海量状态。随着计算机和互联网的飞速发展，以网络图像为代表的图像应用呈爆炸式增长。图像检索技术是在海量数字图像中搜索出所需图像的一条有效途径，但其发展远远滞后于数字图像本身的发展与应用，越来越难以满足数字图像应用的需求。因此，图像检索方法研究具有重要的理论意义和实用价值。

图像检索技术可概括为基于文本的图像检索技术和基于内容的图像检索技术两种。相比之下，后者通过机器自动抽取图像特征和理解与表达图像内容，更适合大规模数字图像检索，是图像检索技术发展的必然趋势。基于内容的图像检索研究与应用目前集中于基于底层特征的图像检索，其两个关键环节是图像特征选择及其提取和相似性距离及其度量。本书研究的目的是从这两个关键环节入手，采取措施来提高图像检索方法的性能。

本书主要从相似性度量角度研究图像检索方法及相关问题。目前图像检索中普遍采用距离度量方法，其中豪斯多夫（Hausdorff）距离在原理上优于最常用的欧式距离，正在得到广泛研究与应用。本书针对基于内容的图像检索，采用豪斯多夫距离进行相似性度量，对其进行改进以实现更好的图像相似性度量。提出一种改进的豪斯多夫距离的度量方法，其中构建一个成本函数作为豪斯多夫距离中的范数距离来调节原有距离值，既能反映出图像整体相似程度又能减小异常点、遮挡、景物变化和复杂背景等干扰的影响；采用多种典型距离度量方法进行颜色直方图、纹理灰度共生矩的单一特征和特征度量融合的图像检索对比实验，验证了该改进的豪斯多夫距离。

本书重点研究多特征度量 DS 融合图像检索方法，以提高图像检索的准确性。构建并实现一种基于改进豪斯多夫 距离的多特征度量等权重相加融合图像检索方法，其中采用改进豪斯多夫距离分别对多个特征进行相似性度量、采用等权重相加对多个特征度量进行融合作为相似性度量结果，能有效提高图像检索的性能；提出一种基于改进豪斯多夫距离的多特征度量 DS 融合图像检索方法，其中采用改进豪斯多夫距离分别对多个特征进行相似性度量、采用 DS 证据理论对多个特征度量进行融合作为相似性度量结果，能显著提高图像检索的准确性；针对 BOW 模型下的颜色直方图和纹理灰度共生矩两个特征度量融合进行图像检索实验，验证了这两种度量融合图像检索方法的有效性。

针对具有适合大规模图像检索特点的可扩展词汇树 SVT 图像检索方法进行研究，构建并实现多特征度量融合可扩展词汇树 SVT 图像检索方法，可提高图像检索准确率；提出一种基于改进豪斯多夫距离的多特征度量 DS 融合 SVT 图像检索方法；基于稠密 SIFT 算子、稠密 DAISY 算子，分别采用直方图特征编码、核密度特征编码、欧式距离、CFHD 距离实现了 SVT 图像检索方法；采用所提出的方法与现有主流图像检索方法进行了图像检索对比实验，验证了所提出的方法。

研究结果表明，采用本书改进豪斯多夫距离进行的图像检索具有较强的抗干扰能力和更好的检索性能，采用改进 SVT 模型可提高适合大规模图像检索的 SVT 图像检索方法的准确性。本书研究为提高现有基于内容的图像检索方法的抗干扰能力和检索性能提供了有效途径和技术基础，对图像检索技术的发展和应用具有促进作用。

作 者

2019 年 5 月

# 目 录

# 第一章 绪　论

## 第一节 研究背景及意义

图像因其具有携带信息量大的突出优点而成为最高效的信息存储、传输和表达的方式，数字图像以数字信号方式获取、存储、处理图像，在工作、生活和娱乐等方面为图像广泛应用奠定了技术基础。随着电子技术等现代技术的发展，智能手机等移动终端设备以及数码相机等数字图像获取显示设备已在全社会得到普及，所获取显示的数字图像数量急剧增长；随着计算机技术和互联网技术的飞速发展，通过互联网来存储、传输、浏览和获取数字图像数量已经成为生产和生活中的常态，所存储、传输、浏览和获取的数字图像数量增长迅速，例如美国社交网络 Facebook 其用户上传的数字图像在 2011 年已高达 1400 亿幅、在 2012 年和 2013 年平均每天分别高达 3 亿幅和 3.5 亿幅，又如我国 Tencent QQ 的相册数字图像数量早已超过 1500 亿幅。以网络图像为代表的数字图像资源获取存储和传输应用正在呈爆炸式增长，数字图像资源日益丰富并呈现出海量状态。

然而，各种图像的浏览查阅和图像的检索技术与系统远远滞后于其本身的发展，浏览查阅和检索所需要数字图像是一项复杂困难、缓慢低效的工作。数字图像数据属二维数字信息范畴，其所携带的信息往往复杂多样且呈现出一定的抽象性。与传统文本数据相比，数字图像数据更难以进行分析处理和理解，海量数字图像数据的组织、管理和利用更具挑战性。从大量数字图像的数据中迅速而高效浏览查阅和检索所需的图像成为一个棘手的难题，其方法一直不尽如人意，是阻碍数字图像进一步广泛应用的“瓶颈”。

通常我们将检索方式按照技术的不同分为两种：基于文本的和基于内容的。基于文本的图像检索系统是图像检索的最初形式，然而因数据库信息的增加其效率并不高，不能满足用户需求，而伴随现代网络技术的不断革新，将其嵌入 web 中衍生出各种检索方式方法。这种技术成熟度较高、容易实现。

然而，文本词汇本身具有歧义性、更新慢等局限性，难以满足日益增长的大数据库需求。因此，基于内容的检索技术得到迅速发展，其由于采用纹理、颜色、形状等来体现图像含义，其描述更为丰富全面，更能反映图像的本质特征，因而成为当前的研究热点。

## 第二节 图像检索研究现状

图像检索技术其目的在于以便捷高效的方法从数据库中筛选出用户需要的图像，起源于20世纪70年代，由于其方式是基于文本或关键词，因而被称之为基于文本的图像检索技术（Text-based Image Retrieval，TBIR）。

20世纪50年代，局限于当时计算机技术水平的限制，借助计算机进行信息存储与管理的主要内容是文本信息。文本一般由具有语义的语言组成，语义往往隐含一定的内在语言组织结构、符合若干潜在的特定语法规则，因此可采用语义相关的语法规则针对文本分析处理需求进行文本检索算法设计和构造。文本检索算法的主要原理是通过分析已有文本的语法规则来获得生成文本的语法规则；自上而下逐步分析待处理文本的句子、词语和短语结构进行文本的分词与理解；自下而上理解当前文本语义并形成文本语义理解；计算文本和检索内容间的相似距离确定其相似度；筛选出相似度最大的文本形成最终结果。但由于语言本身极其复杂、个体语言之间存在差异、语言环境之间存在差异，致使文本的准确分析理解直到现在也是颇具挑战性的工作。为此，针对自然语言进行分析处理的研究一直在进行并取得了丰硕的成果，引入概率模型取代了以往经典检索模型，引入语言模型实现了文本检索模型的新突破，采用机器学习极大地提高了文本检索效率和准确率。

伴随计算机技术的发展，数字图像的采集、存储、传输等技术的快速发展，数字图像因其信息携带量大的特点而成为借助计算机进行信息存储与管理的重要内容，其快速高效检索自然就是亟待解决的难题。借助于文本检索的技术，基于文本的图像检索技术出现了，可具体描述为人为主观理解认知内容；根据对图像的理解认知，人工用一个唯一的文本标识对图像进行注释或者标记；在数据库中将图像所具有的标识作为图像信息进行保存，构建图像检索数据库；在图像检索数据库中输入所需图像的文本标识，通过计算机进行文本标记搜索和匹配获得所需图像，然后输出检索结果。其具体实现包括两种途径，一是依据所提供的关键词在全数据库中直接进行文本检索，给出含有该关键词的全部图像；二是将文本描述转换为文本特征表达，依据用户提供关键词文本特征与图像库中所有图像文本特征之间距离值将图像库中

所有图像排序，给出距离值小的图像。因为图像数据如果语义上相似，则其文本标注信息也相似，那么其技术实质就是一种文本检索技术。以往的文本检索理论与实践为基于文本的检索技术提供了坚实的基础，使其应用于实际。目前应用广泛的商用检索引擎，如 Microsoft Bing、Google、Yahoo、Baidu 等，都已经实现了基于文本的检索功能。尽管如此，文本的检索技术却因其本身的局限性而难以满足海量数字图像的检索需求，其根本原因在于该技术人为主观理解认知图像、人工对图像进行标注、标注采用文本方式三个方面。人为主观理解认知图像有失客观性、图像标注结果稳定性差；人工标注的随图像增加导致巨大的工作量，不适合海量数字图像的处理；图像本身具有携带信息量大的突出特点，文本难以描述出其复杂多样的语义信息内容。

鉴于基于文本的图像检索技术的局限性，依托计算机软硬件的快速发展，针对数字图像的高速度高效率检索问题，出现了多种多样的解决方案、大量的计算机视觉算法，于 20 世纪 90 年代形成了基于内容的图像检索技术 (Content-based Image Retrieval，CBIR)。

与基于文本的图像检索技术不同，基于内容的图像检索技术是通过机器理解认知而组织管理使用数据库信息的，是从理解图像本身特征的角度进行图像检索，是根据图像的特征或者语义从数据集中搜索目标图像的过程，是当前的最佳途径，也是图像检索技术将来发展的必然趋势。基于内容的图像检索，其第一个关键步骤是针对视觉或语义信息，最简单的如图像纹理和形状等物理量和几何量，采用相应的参数及其合适的形式进行表达，形成图像的视觉特征或语义的特征表达并作为图像的特征；按照同样的方法，分别抽取插入 / 检索 / 查询 / 目标图像和检索图像的图像特征，前者形成查询图像数据库及其图像特征数据库，后者形成目标图像的特征。第二个关键步骤是基于所抽取的图像特征，通过度量目标图像内容与查询图像内容之间的距离，可称之为图像内容距离，来衡量两者之间的相似程度；按照同样的内容距离模型，针对每幅查询的图像计算其与目标图像的内容距离，据此进行距离的排序，按照排序值将对应结果输出给用户作为最终结果。特别需要指出的是，与基于文本的图像检索技术相比，其通过机器进行客观的理解认知，特征表达客观、稳定；图像特征抽取与表达由机器自动完成、无须人工参与，适合海量数字图像的处理；图像特征表达既可采用底层视觉特征，也可采用中层和高层语义特征，图像特征多种多样、表达类型多、图像特征表达可实现多视图，这更适合表达含有信息量大的图像。鉴于以上优势，基于内容的图像检索的研究与应用日益得到重视，各种新的方案不断涌现、相关图像的检索实验软件系统不断推出，工程应用愈加市场化、商业运营网络的图像检索的软件不断出现。基于内容的图像检索来实现以图搜图功能的商业软件越来越被重视与认可，例如四个著名的购物搜索引擎有阿里巴巴的淘淘搜和图想、搜图网的时尚搜索、搜图购网的搜图购等；又如知名的以图搜图引擎，加拿大的在线反向图片的搜索引擎 TinEye 自动检索相似图像，根据图像特征搜索相似图片的百度识图，通过图片颜色、形状等特征搜索相似图片的 GazoPa 等，再如 Google、360 和 Sogou 等主要商用引擎均已实现了以图搜图功能。尽管如此，这些商业图像检索软件尚处于根据图像视觉底层特征进行检索阶段，而且准确率等指标亟待提高。

基于内容的图像检索依据其内容特征的高低被普遍划分为三个基本层。最底层采用纹理、颜色、形状及其组合等视觉特征进行描述图像包含的内容，称之为基于视觉特征的图像检索；中间层采用对象类别、对象空间位置之间拓扑关系等图像特征描述图像内容，称之为基于对象特征的图像检索；最高层采用行为、场景和情感语义等抽象属性特征描述其内容，称之为基于语义的图像检索。类似于对其的理解与认识，相比之下，层次越高、语义级别越高、表达越复杂，低级层次检索结果是高级检索的基础、高级层次的语义涵盖了低级的语义，各层次之间具有内在联系。按照图像内容特征层次的由低向高，形成了基于内容的图像检索发展脉络。

## 第三节　基于内容的图像检索研究现状

CBIR 系统中图像内容通过图像特征进行表达和处理，底层特征抽取的实现开创了图像检索技术发展的新时代，目前 CBIR 技术的研究和应用仍然集中于基于视觉的特征图像检索领域。图像特征可通过图像区域或图像全局进行抽取，其中基于全局特征的检索更简单，但用户主要关心图像中的特定区域而不是整个图像，因此针对特定区域的 CBIR 技术成为当前的技术主流。图像表达在区域层次上类似于人类感知系统，区域的图像检索先进行分割，然后抽取区域纹理、颜色、形状等。另外，同时利用全局和区域这两种不同层面的特征进行图像检索可望达到更高的检索准确度。CBIR 系统的效果由图像特征的提取算法和图像特征相似性度量方法两者的效果来决定，下面阐述特征研究进展。

颜色特征是图像的直观特征，是其基本的属性。颜色是内容的基本特性，人类利用其能识别大多数图像及体现的景物。颜色特征一般稳定性较好，对噪声、尺寸、分辨率和方向变化并不敏感。

金振陆等指出，研究中通常采用颜色空间作为表达的数学方法，颜色空

间以数字形式表示，它是一个重要影响因素，因为其决定了它们的转换方法。拉切布等人提出一种利用混合聚类的方法进行图像检索。该方法首先提取图像的均值 SIFT 特征作为局部特征，同时提取 HSV 颜色直方图特征作为全局特征。然后将局部特征与全局特征结合来最大化地分割目标图像和背景图像，从而保证了每种特征描述子在图像描述的表现效果。在实验中，将该方法与常用的 FIRE 和 LIRE 图像检索做了对比，实验证实了该方法有很大的灵活性和较好的效果。萨拉·苏哈西尼指出，通常使用的颜色空间表达方法有：HSV 颜色空间、RGB 颜色空间、XYZ 颜色空间等，其中 HSV 颜色空间能产生更优异更有效的直方图。埃尔尚·阿普特拉等针对颜色图像，采用数学形态学表达图像内容，形成了一种新的排序方案，进而可形成一种新的图像检索方法。比凯什·库马尔·辛格等采用颜色直方图特征和基于小波理论的纹理统计特征，利用欧式距离进行相似性度量，研究了基于两种图像特征的图像检索系统。张鑫等用分块思路进行特征描述，体现出景物空间的差异，但景物空间分割与固定难以实现。M. 皮耶泰宁和沈旭梅提出了基于直方图颜色特征的图像颜色分布度量，目的是减小图像退化对图像检索结果的影响。黄仁又对该方法进行了改进，一方面将图像颜色进行二次量化取代原有直方图颜色特征，另一方面采用欧式距离进行相似性度量后再利用直方图距离进行相似性度量，但带来了复杂、稳定性差的缺点。阿舒托什·古普塔采用一种 RGB 颜色空间直方图，其具有检索效率高、对景物位置不敏感的优点，但难以表现景物间的空间相关性，需要通过颜色相关图来补充信息。曾姗利用高斯混合模型对颜色空间进行量化，在此之上产生颜色直方图，作为图像特征，采用香农发散度进行图像相似性度量，实现了图像检索的目标，实验结果表明其具有实用性强的优点。陈秀欣提出了一种多特征图像检索算法，利用多特征色图来提高检索准确度，通过决策树查询途径来解决多特征带来的计算开销大的问题。

概括上述，颜色直方图、颜色矩和颜色相关图是最常用颜色特征表达方式。大多数的方法都是基于以上几种特征的单一特征或综合特征开展研究的。除此之外还有颜色聚合向量和颜色集，其中颜色聚合向量是在颜色矩的基础上进行的描述方法，不同的是颜色聚合向量包含了颜色的空间信息。颜色聚合向量根据像素所占的连续区域的面积大小将直方图中每一个颜色簇划分成聚合和非聚合的两部分。而颜色集方法在使用时，用视觉均衡的颜色空间（如 HSV）来替换 RGB 颜色空间，用若干个簇来量化颜色空间，同时颜色空间也被分为若干个区域，每个区域通过颜色分量进行表征而形成二进制图像内容表征。

纹理是人类视觉至关重要的推断基础，纹理特征是 CBIR 中显著的共性特征，它反映出了像素的邻域灰度空间分布规律，纹理在图像分类过程中为许多现实世界图像提供了重要的信息，同时对于突出高层语义，纹理也是图像检索的显著特征。

J.Z . 王等指出，使用光谱法提取纹理特征时，常见的方法是基于小波理论形成纹理特征，并用 GABOR 滤波器提取特征。孙丽娟等用基于统计学原理，在改进颜色直方图的基础上，结合灰度共生矩阵特征，将两者归一化后进行融合，有效地改善了原有颜色特征信息表达不充分的弱点。b. 乔提等针对纹理的结构特点，取每个结构法等分的平均强度当作图像特征，融合绝对值距离、欧氏距离和明科斯基距离来衡量图像间的相似程度，得到较高的准确度。帕雷德斯等针对图像中感兴趣部分进行编码，相似性度量中增大感兴趣部分的权重、降低非感兴趣部分的权重，由此突出了感兴趣部分的作用、减小了非感兴趣部分的影响，提高了图像检索的准确率，并通过实验进行了验证。王琨等从图像的纹理特征入手，提出了一种新的基于纹理的图像检索算法，算法以小波分析作为预处理，合理分析、设计了特征向量的构成，并根据这些特征进行相似度计算，从而得出分类结果。库马兰等针对 MRI 医学图像的特点，采用边缘直方图作为图像形状特征，采用纹理谱作为纹理特征，相似性度量过程中将 K—均值聚类技术和曼哈顿距离结合起来，针对特定类别图像进行检索取得了较好的效果。张贺提出多特征融合的检索方法，将 HSV 空间的颜色直方图当作图像特征，并将 Gabor 变换与边缘直方图进行结合，取得了明显优于单图像特征的图像结果。贾雅采用两种图像特征，一是图像颜色特征采用模糊颜色，二是图像纹理特征采用纹理直方图。相似性的度量根据两种特征分别进行，综合两者的结果，有效地改善了效果；其中，通过 DCT、DWT 和模糊连接等技术，大大提高了效率。帕拉维 • 巴特将神经网络应用于图像检索的过程中，基于小波理论和 Gabor 技术进行图像表征和存储，有效地提高了相似性和检索效果。法达伊提出了一种新的局部模式描述子，局部导数径向模式（LDRP），应用于基于内容的图像检索纹理的表示，开始的局部模式是基于一个正方形或圆形的像素的灰度级差异。由于许多实际纹理可以表示关系的像素是沿一条线的，所以不能来表示纹理信息。在现有的方法中，参考像素和相邻像素之间的差异被编码为两个、三个或四个值，从而导致图像的信息丢失。此外，使用不同方向的多级编码代替二进制编码，所提出的方法的性能与现有的方法包括局部二进制模式（LBP）相比、局部三值模式（LTP）、局部微分模式（LDP）、当地四模式（LTRP）和局部向量模式（LVP）做了对比，结果显示提出的 LDRP 方法在 Brodatz 和 VisTex 数据库上优于所有之前的方法，能达到 3.82% 和 5.17% 的平均精度。

缇瓦瑞等人提出了一种直方图特征的细化方法，该方法用于提高纹理描述符的表达性能。在所提出的基于邻域像素值分析的直方图细化方法中，将查询和数据库图像中的像素分为两类，每个图像对应的两组像素的局部图案被用于生成两个直方图，这样就有效地将原始的全局直方图的纹理描述符分割成两个基于每个像素的类别。然后将所得的直方图级联，形成一个单一的直方图特征。同时还探究了三个混合框架的直方图细化 CBIR 系统，比较了查询图像和数据库图像的直方图特征，在三个公开的基准图像数据库 GHM10000 数据库、Corel000 数据库和 Brodatz 纹理数据库做了评估实验，结果显示 CBIR 系统有很大的性能改善。

彩色纹理检索是图像分析领域的一个研究热点。李朝荣等人提出了一个高效的颜色纹理检索方法，该方法的使用是基于 Gabor 小波的 Copula 模型。当 Gabor 小波用于彩色图像分解时，Gabor 小波分解子带中存在三类关系：颜色、尺度和方向，分析这些关系后，使用高斯 Copula 函数进行计算。实验结果表明，该方法比现有的其他检索方法有更好的性能。

总结上述成果，纹理特征的提取方法主要有：光谱法、结构法和统计法。结构法的基础在于纹理的规律性，而大部分的自然纹理是杂乱无规律的，这限制了结构方法的使用范围，通常将其应用在人造纹理中。统计法具有更高的准确性，BDIP 和 BVLC 方法更具有优势。现有方法仍然各有不足，而且一般只适合某种特定类型的纹理图像。

图像检索中，形状能用来提供强有力的信息，因为人类视觉只根据形状就能识别景物。当纹理和颜色信息不够丰富时，可从形状特征角度出发，提高准确性。形状特征对于图像的位移和尺度变换具有鲁棒性，不会受不同颜色信息的影响，但形状表达和描述却非常困难。因为，三维景物投影成二维图像而丢失了一维信息，图像形状特征仅能部分表达景物，而且形状往往被噪声、缺陷、意外变形和遮挡等损坏。

锡尔坎等人提出一种新的形状描述子，该描述子有效地抑制目标的噪声、尺度和方向的变化。它是基于多尺度空间的方法来识别形状。通过跟踪可变宽度的低通高斯滤波器，在形状边界处跟踪极端曲率点的位置，从而产生形状的描述符，并在不同的数据集上证明了该方法具有较强的鲁棒性和优越性。

耿春云在藻类图像相似性度量研究中，选择矩形度和能量等图像特征进行相似性度量，实验室实验取得了良好的效果，但离具有复杂背景的实际场合应用还有相当的距离。索基奇埃米尔采用了新的傅里叶算子，只保存新的傅里叶系数的相位信息，达到了较好的检索结果。哈桑·西尔坎用曲率零交叉点从高斯平滑边界获得基元，并采用其对应的半径密切圆的方向、归一化的表面曲率和逆进行描述，从而形成了一种描述符，具有对几何变换平移和噪声不敏感的优点，并在典型图像数据库上进行了实验验证。马诺将纹理和形状特征联合起来进行图像检索，其中采用具有平移不变性的 SWT 来进行图像形状特征提取，采用边缘直方图来对边缘位置和构成描述，相似性度量采用欧氏距离，结果显著提高图像检索的效率。何燕对形状特征图像检索技术进行了改进，其中搜索能涵盖采样点主体的方向来实现旋转不变性，同时还保留了原有的转换和规模不变性，具有良好的鲁棒性。卡迈勒·贝鲁拉塔提出了基于自适应离散余弦变换的区域特征图像检索技术，其特色功能在于允许用户指定检索区域作为检索图像，能实现针对特定景物的图像检索而剔除了不需要的图像区域，从功能角度提高了图像检索的效果。

图像形状特征比较完整时其检索结果较好，图像特征过于零碎和复杂时其检索结果就不理想。近年来，基于内容的 3D 模型检索开始注重采用混合描述符处理柔性和铰接景物，混合技术比原有单独技术有效得多。此外，基于语义的检索也开始成为研究热点。基于区域的 2D 形状描述符是 3D 检索中局部特征匹配的强大工具。在 3D 描述符中不得已的情况下才选择性能低效的基于图形的算法。基于视图和基于直方图的算法因其合适的准确性和性能而得到最多的应用。

萨维塔·甘达尼指出，以往采用单独一个特征研究 CBIR，但颜色、纹理和形状等单独图像特征只表达了图像某个方面的特征，而图像普遍地包含各种视觉特性，用单独一个特征难以得出满意的结果。因此，为达到令人满意的检索性能，有必要选择、提取并利用具有互补性质的有效特征来研究 CBIR。实际上，前述采用颜色、纹理和形状进行图像检索的研究现状中，已经有诸多个图像特征结合起来进行图像检索的成果。此外，黄敏将图像内容分别用颜色、纹理、形状等图像特征进行表达，其能自动提取这些图像特征并进行相似性度量和排序，由此获得了高准确度的图像检索结果。阿南德研究了颜色自动相关、Gabor 小波、小波变换三种图像描述符，颜色自动相关提取颜色的特征、小波变换提取形状特征、Gabor 小波提取纹理特征、相似性度量采用曼哈顿距离度量，取得了较好的效果杰格迪什同时用图像的颜色、形状特征表达图像内容，分别在 Lab 颜色空间和 HSV 颜色空间提取特征，使用边缘提取不变矩图像形状特征，通过实验进行验证了该方法的有效性。尤福成将颜色与形状结合形成一种混合特征并对其进行提取，鉴于 HSV 颜色空间能产生更优异更有效的直方图，其特点在于采用 HSV 颜色空间的颜色矩当作颜色特征，并将其变换成灰度图像后进行高斯归一化，用实验证明了其效果优于单特征方法。王国磊将图像颜色特征和纹理特征结合起来进行图像检索，

颜色特征选择基于短编码的颜色分量熵，将灰度共生矩阵改进为邻域统计矩灰度共生矩作为图像纹理特征，进一步将颜色分量熵和邻域统计矩灰度共生矩通过加权融合到一起形成多特征融合特征进行图像检索，结果提高了图像检索的性能。玛丽赫塔提出一种纹理特征和形状特征两种特征融合的图像检索方法，该方法采用 Gabor 滤波器提取图像的纹理特征，其参数包括大小和方向，同时计算出纹理特征的平均值和标准偏差形成特征向量，利用傅里叶描述符和质心距离提取形状特征，以欧氏距离衡量目标图像和检索结果的相似程度，通过查准率和查全率对方法进行性能评价验证了所提方法的有效性。克里希纳提出了基于单个特征描述符的形状信息和纹理信息融合特征图像检索方法，基于图像梯度幅值通过 Gabor 滤波器获取特征，其高频部分表征了图像形状特征，其中低频部分表征了图像纹理特征，针对医学图像的实验进行验证，图像检索准确度得到显著提高。

郑晓飞等人提出一种基于图像纹理和颜色统计投影的检索方法。该方法首先将图像转换到 HIS 颜色模型，提取图像的灰度值，采用罗伯特算法提取图像纹理，将图像分块，提取主颜色块的纹理并将其映射到水平和垂直两个方向，得到两个方向的直方图。提取的距离和罗伯特算法的两个投影直方图作为纹理特征的图像相似度的计算，为今后图像检索的 Canny 边缘处理算法研究做了充分的铺垫。

辛格等人提出了一种基于颜色和纹理特征的快速高效的图像检索系统。其中用颜色直方图来表达颜色特征，用概率差表示（BDIP），用局部关系的变化（BVLC）表达纹理特征。根据实验，当用全部三个颜色分量得到的纹理特征和颜色特征结合起来的结果与从亮度衍生出来的纹理特征和颜色特征结合呈现出来的结果大致相同，而且用时少。对各种距离情况的分析表明，平方弦距离要优于其他的距离的处理方法，并在各种实验数据集上证实了该方法的有效性。

综上，鉴于单一特征 CBIR 存在因图像特征少而导致的图像内容描述不足、稳定性差、检索准确度低等问题，而多特征融合的 CBIR 能够弥补单一的特征不足，其更加全面、准确率更高，成为目前 CBIR 的发展趋势。因此，本文将研究多特征融合 CBIR 方法，以提高图像检索的准确度。

## 第四节　图像相似性度量方法研究现状

图像检索需要知道图像个体之间的差异，以对个体之间的相似性和类别进行评价。针对不同的图像数据和实际的需求，可以使用各种各样的相似性度量方法，不同的相似性度量方法直接影响到图像检索的结果。针对具体的被度量的图像，选用合适的相似性度量方法是至关重要的。

相似性度量用于综合评定个体之间相近程度。越接近的个体，其数值越大；越疏远的个体，其数值越小。相似性度量方法应用领域众多，例如图像的匹配、目标跟踪、机器学习、机器视觉等。相似性度量方法种类繁多，针对不同的对象可采用不同的方法。

在基于内容的图像检索领域，所选择的图像特征有两个层次，一是视觉上的纹理、颜色、形状等，二是语义上的人、动物、风景等。同样，心理学上相似性也对应分为两个层次，一是感知相似性，二是概念相似性；前者是指两幅图像视觉特征之间的相似程度，也称为视觉相似性，后者是指两个图像在抽象的概念或语义特征上的相似程度，又称为语义相似性。前者是后者的基础，而后者是前者的概括和升华。两者之间相互依存并可相互转化，但却是尚未得到解决的一个极其困难的问题，称之为“语义鸿沟”。

图像相似性取决于人类视觉、认知和情感等，在心理学上相似性判定模型包括以下四种。

（1）几何相似性：该模型属定量分析模型，图像看作维度空间中的点，距离空间中点之间的距离表征相似性。

（2）特征相似性：该模型属定性分析模型，图像特征被标识为集合，相同的特征集合与相异特征的集合表征图像相似性。

（3）匹配相似性：该模型属定性分析模型，其元素按照能否用来进行相似性判别被分为可匹配元素和不可匹配元素，图像相似性可用匹配性元素之间的差异和非匹配性元素之间的差异来表征。

（4）转换相似性：该模型属定性分析模型，图像与图像转换的难易程度表征其相似性。

基于内容的图像检索需要定量分析相似性，对图像库中相似性进行排序，以检索出用户需要的结果。上述四种模型中，匹配相似性和转换相似性不仅属于定性分析模型，而且还需要人工干预，难以实现自动图像检索。特征相似性模型属定性分析模型，但也可通过模糊逻辑实现相似性定量分析。几何相似性模型属定量分析模型，最符合基于内容的图像检索中图像相似性度量的要求。目前普遍采用距离和相关两个途径进行相似性度量，距离度量将图像特征看成特征空间中的点，图像之间点的距离值越小代表图像越相近，广泛应用的距离度量有欧氏距离和豪斯多夫距离等。

**欧氏距离**：欧氏距离（Euclidean Distance）是最常用的距离，它指的是

对点之间坐标的均方根，也就是通常情况下的所谓距离。$n$ 维空间中，我们用以下式子定义对点之间的 $d(x,y)$：

$$d(x,y)=\left[\sum_{i=1}^{n}(x_i-y_i)^2\right]^{\frac{1}{2}} \tag{1-1}$$

欧氏距离 $d(x,y)$ 代表 $n$ 维空间中对点之间的真实距离，$x_i$ 代表第一个点 $x$ 的第 $i$ 维坐标，$y_i$ 代表另一个点 $y$ 的第 $i$ 维坐标。欧氏距离是最简单的距离度量方式，易于理解，其缺点在于对空间性质的考虑不够全面，物理含义不够清晰，对图像的形变很敏感。

**曼哈顿距离**：曼哈顿距离（Manhattan Distance）又叫做街区距离，它表示对点之间在不同维度上的绝对距离的叠加，曼哈顿距离 $d(x,y)$ 定义如下：

$$d(x,y)=\sum_{i=1}^{n}\left|x_i-y_i\right| \tag{1-2}$$

曼哈顿距离 $d(x,y)$ 代表 $x$ 点和 $y$ 点之间的距离，$i$ 代表不同的维度，$x_i$ 代表第一个点 $x$ 的第 $i$ 维坐标，$y_i$ 代表第二个点 $y$ 的第 $i$ 维坐标。其缺点在于计算时需要依靠坐标的系统转度，而不是在坐标轴上的映射或平移。

**堪培拉距离**：堪培拉距离（Canberra Distance）被用来衡量向量空间中两个对点之间的距离，它可以看作是曼哈顿距离的加权。堪培拉距离定义如下：

$$d(x,y)=\sum_{i=1}^{n}\left|x_i-y_i\right| \tag{1-3}$$

式中，$d(x,y)$ 代表点 $x$ 和 $y$ 点的距离，$x_i$ 和 $y_i$ 代表 $x$ 点和 $y$ 点在 $i$ 维度上的坐标值。通常堪培拉距离对于接近于 0（大于等于 0）的值的变化非常敏感，在高维度空间中，变量越多该敏感性就越强。

**切比雪夫距离**：切比雪夫距离（Chebychev Distance）又叫做最大值距离，它用来衡量对点在不同维度上的最大距离，该距离 $d(x,y)$ 定义如下：

$$d(x,y)=\max_{i\in n}\left|x_i-y_i\right| \tag{1-4}$$

其中 $d(x,y)$ 代表两个点之间的距离，$i$ 代表不同的维度，$x_i$ 代表第一个点的 $x$ 第 $i$ 维坐标，$y_i$ 代表第二个点 $y$ 的第 $i$ 维坐标。当图像噪声变化复杂时，切比雪夫距离并不能准确反映图像间的相似度。

**明科夫斯基距离**：明科夫斯基距离（Minkowsky Distance）的距离 $d(x,y)$ 定义如下：

$$d(x,y)=[\sum_{i=1}^{n}\left|x_i-y_i\right|^r]^{\frac{1}{r}} \tag{1-5}$$

$r$ 最常用的取值有 3 种，当 $r$=1 时即为街区距离；当 $r$=2 时即为欧式距离；当 $r$ 趋近于无穷时就为切比雪夫距离。

实际上，式 1-5 是将低维空间中的距离运算扩展到高维空间之中，因为就图像本身特点而言，图像特征往往表征成高维向量形式。研究表明，采用明科夫斯基距离进行相似性度量时，向量空间维数固定，则 $r$ 值越小其度量效果越好；明科夫斯基距离的一个主要缺点是随着向量维数的增加，查询点与其最近点之间距离的期望值就越逼近查询点与其最远点之间距离的期望值，则导致距离值与相似性度量的相关性越差，甚至无法衡量相似性。

**马氏距离**：该距离用来表示数据的协方差距离，该方法能计算出未知样本的相似度，样本向量 $u$ 到 $v$ 的距离定义如下：

$$D_M(u,v)=(u-v)^T\sum{}^{-1}(u-v) \tag{1-6}$$

式中，$\sum^{-1}$ 是数据点协方差的矩阵，向量 $v$ 代表样本集均值。马氏距离的优点是与特征向量的量纲无关，对特征向量相关性不敏感，其缺点是对所有特征一样敏感，不能突出主要因素的影响。

**方向余弦的距离**：它是图像特征向量夹角的余弦值，主要表征特征向量方向之间的差别，对距离差别和坐标轴缩放及旋转不敏感，其定义如下：

$$d_{\cos\theta}(x,y)=\frac{\sum_{i=1}^{n}x_iy_i}{\sum_{i=1}^{n}x_i^2\sum_{\substack{i=1\\ i\in n}}^{n}y_i^2}\max\left|x_i-y_i\right| \tag{1-7}$$

**EMD 距离**：EMD 全称是 Earth Mover's Distance 即陆地移动距离，对于集合 $X=\{x_1, x_2, x_3, \cdots, x_i, \cdots, x_N\}$ 和 $Y=\{y_1, y_2, y_3, \cdots, y_j, \cdots, y_M\}$，两者之间的 EMD 距离定义如下：

$$H(X,\ Y)=\frac{\sum_{i=1}^{N}\sum_{j=1}^{M}h(x_i,\ y_j)\cdot f_{ij}}{\sum_{i=1}^{N}\sum_{j=1}^{M}f_{ij}} \tag{1-8}$$

其中，约束条件如下：

$$f_{ij} \geqslant 0$$

$$\sum_{i=1}^{N} f_{ij} \leqslant w_{y_i}$$

$$\sum_{j=1}^{M} f_{ij} \leqslant w_{x_i}$$

$$\sum_{i=1}^{N}\sum_{j=1}^{M} f_{ij} = \min\left(\sum_{i=1}^{N} w_{x_i}, \sum_{j=1}^{M} w_{y_j}\right)$$

式中，$h(x_i, y_j)$为集合中$X$特征分量$x_i$到集合$Y$中分量$y_j$的欧式距离；$w_{x_i}$为集合中$X$特征分量$x_i$的权重值；$w_{y_j}$为集合$Y$中特征分量$y_j$的权重值；$\sum_{i=1}^{N}\sum_{j=1}^{M} f_{ij}$是归一化因子；$f_{ij}$是特征分量$x_i$和特征分量$y_j$间的最优权重系数，使得$\sum_{i=1}^{N}\sum_{j=1}^{M} h(x_i, y_j) \cdot f_{ij} = \max$成立。EMD距离就是$\min \sum_{i=1}^{N}\sum_{j=1}^{M} h(x_i, y_j) \cdot f_{ij}$的线性规划问题。

显然，EMD距离仅进行一次线性规划就能获得具有不同权值分布的集合之间的距离。EMD距离的度量结果与人类视觉的感受一致性较高，这是由于EMD距离考虑了集合之间的差异，同时还考虑了集合自身分量之间的差异。因此，EMD距离对景物变形、环境光差异和噪声鲁棒性更好，其度量集合整体之间相似程度的效果得到普遍认可，成为度量图像相似性的有效手段。然而，EMD距离有一个寻优的过程，其计算开销太大。

对于各种对象和具体的要求，多种多样距离的度量方法不断涌现，不再赘述。但这类依据点点对应进行相似性度量的距离度量方法，毫无疑问对噪声非常敏感，特别是由于未考虑形状和相对位置的变化而不能反映出景物的缩放和位移。有鉴于此，现代拓扑学开拓者Felix Hausdorff提出了豪斯多夫距离，作为将景物所有特征点全部考虑在内的一种距离度量在原理上特别适合度量集合之间的相似性。

**豪斯多夫距离：**豪斯多夫距离（Hausdorff Distance）是极大—极小距离，被主要用来测量两个点集的匹配程度。对于集合$X=\{x_1, x_2, x_3, \cdots, x_i, \cdots, x_N\}$和$Y=\{y_1, y_2, y_3, \cdots, y_j, \cdots, y_M\}$，两者之间的豪斯多夫距离定义为：

$$H(X, Y) = \max\{h(X, Y), h(Y, X)\} \tag{1-9}$$

式中，$h(X, Y)=\max_{x\in X}\min_{y\in Y}\|x-y\|$、$h(Y, X)=\max_{y\in Y}\min_{x\in X}\|y-x\|$，其中$\|x-y\|$为点集$X$中点$x$与点集$Y$中点$y$间的范数距离，通常采用欧式距离。豪斯多夫距离的特点是能够有效地度量景物整体之间的相似性。

在上述各种距离度量方法基础上，针对不同特点的景物及其环境，面向不同的客户具体需求，依据所选择的图像特征性质与特性，为实现更高的技术指标，通过不断改进和完善，形成了各种各样的新的距离度量方法。另一方面，采用相关度量方法，用特征间的相关系数表达图像的相似性，相关系数越大越相似。相关度量的抗环境光变换能力强于距离度量，其抗噪声能力与距离度量相当，但与距离度量一样对旋转和缩放具有较强的敏感性。同时，对特征相似性模型也展开了深入研究。特征相似性度量用一个特征集表示一个景物，这与几何距离将景物作为特征空间中的点是截然不同的。我们标记两个景物为$a$和$b$，对应的标记为$A$特征和$B$特征，著名的Tversky特征对比模型在$A$和$B$符合匹配性条件、单调性与独立性的基础上被提出，成为特征相似性度量的基础方法之一。又如，Jeffrey-Divergence特征相似性度量方法以高鲁棒性、高均衡性和高稳定性为突出特点。特征相似性度量突破了距离度量的局限，突出优点是在统计意义上提高了鲁棒性，其相似性度量更接近人类视觉的感知，而且继承了几何相似性度量的优点，但往往局限于景物特征显著的应用场合并需要明确的显著性函数表达式。另外，随着基于语义进行图像检索的研究开展，语义相似性度量方法也日益得到重视。一种基本的技术是根据本体或分类学计算词语语义距离，通常依据某种语义词典，以树状层次结构表达所有词，根据图像特征词语在树中的路径及相关因素进行相似性度量。另一个基本方法是通过大规模统计的方法，在选定特征词的基础上，基于语义相近的词则其上下文亦相似的思想，通过统计图像特征词的频度进行相似性度量。进一步，出现了将图像视觉特征和其语义特征相结合进行度量的方法，其中图像特征由视觉和语义两方面组成，同时进行视觉特征相似性度量和语义特征相似性度量，并将两者加权混合作为最终的结果。

针对现有欧氏距离相似性度量方法存在的问题，为实现高效的CBIR，邬俊等研究了一种新的相关反馈算法，其中采用最小欧几里德距离进行相似性度量，根据贝叶斯原理进行分类。张闯等研究了一种新的边缘提取方法，景物轮廓采用像点之间欧几里德距离形成的欧几里德距离图来描述。谭飞刚等通过权重分配对欧几里德距离进行了改进，提高了分割和识别的准确性。狄佳等提出了一种基于曼哈顿距离图的彩色图像边缘提取方法，通过分析距离图的阈值分布特征提取区域边缘。贾迪等针对图像边缘提取问题，在三原色空间中将曼哈顿距离与高斯函数相结合实现颜色图像的边缘提取。徐先传等

针对医疗领域中的CBIR，将LBP算子与陆地移动距离相结合进行图像相似性度量，改善了图像检索性能。纳耶里等提出了一种改进的陆地移动距离，通过降低维数提高特征提取和匹配的性能。张文景等提出在豪斯多夫距离图像形状特征相似性度量过程中，通过遗传算法可以有效地减少形状配准的时间。孙力帆等针对预测图像形状特征和图像本身形状特征两者相似性度量问题，对豪斯多夫距离进行了改进，并通过实验进行了验证。维齐尔特和热尔托夫等指出，鉴于图像相似性度量严重依赖于图像表述及其特征，将图像视为一个分片常值函数，形成强度—几何图像模型，从图像强度和几何特征两个方面度量图像相似性。安巴·杜塔等提出了基于统计特性的和直方图不变矩的图像特征描述方法。

其他距离度量及其改进方法还包括二次项距离、直方图相交距离、绝对距离等，距离优化改进原则是相同特征间的距离尽量小、不同特征间的距离尽量大，而且计算开销尽可能小。

综上所述，目前的图像相似性度量方法多种多样，然而具有普遍适用性的相似性度量方法尚未出现。针对同样的图像，使用相应的相似性度量方法进行检索无疑会产生不同的结果，因此如何进行相似性度量以获得最佳的图像检索结果是基于内容的图像检索领域的关键问题之一。根据上述分析，几何相似性度量方法被公认为是目前最有效的基于内容的图像检索，其中距离度量方法又是被采用最多的。尽管距离度量方法对光照变化比相关度量方法更敏感，但通过各种改进逐渐提高了自身各方面性能，距离度量方法就一般意义而言仍然优于相关度量方法，是目前使用最为广泛的应用相似性度量方法。相比之下，豪斯多夫距离在原理上优于欧式距离，在基于内容的图像检索中表现出更大的发展潜力，并得到广泛研究与应用。因此，本书针对基于内容的图像检索，采用豪斯多夫距离进行相似性度量，并对其进行改进以实现更好的图像相似性度量。

## 第五节　本书的研究内容

针对目前图像检索领域中存在的图像复杂背景和噪声等干扰影响、基于单一图像特征的图像检索性能差、适合大规模图像检索的SVT方法检索效率低等问题，本书通过选择与改进图像相似性度量方法、多特征融合方法、视觉单词产生方式三个途径，对基于内容的图像检索方法进行深入的理论和实验研究，主要研究内容包含以下三个方面：

（1）如何进行相似性度量以提高图像检索的查准率，是基于内容的图像检索领域的关键问题之一。

针对豪斯多夫距离，分析比较其原理上的优势，重点分析其存在的问题；有针对性地采取措施进行改进，提出一种用于 CBIR 的改进豪斯多夫距离的度量方法；对所提出的改进豪斯多夫距离进行理论分析，论证其抗干扰机理；分别采用欧式距离、EMD 距离、豪斯多夫距离和本书改进豪斯多夫距离，针对颜色、纹理两种单一特征进行图像检索对比实验，以验证本书改进豪斯多夫距离在单特征图像检索中的效果。

（2）如何进行图像多特征融合以提高图像检索的查准率，是基于内容的图像检索领域的又一个关键问题。

构建基于改进豪斯多夫距离的颜色和纹理两种特征度量等权重相加融合的图像检索方法进行图像检索对比实验，以验证本书改进豪斯多夫距离在多特征融合图像检索中的效果。在分析多证据理论的基础上，将多证据理论应用于基于内容的图像检索之中，提出一种多特征度量 DS 融合图像检索方法，给出其算法描述，针对颜色和纹理两种特征度量 DS 融合进行图像检索实验，以验证所提多特征度量 DS 融合在图像检索中的效果。

（3）如何提高图像检索效率以满足大规模图像的需求，也是基于内容的图像检索领域的关键问题。

面对大规模图像检索问题，在分析基于可扩展词汇树 SVT 模型的图像检索方法的基础上，构建并实现一种基于改进豪斯多夫距离的 SVT 图像检索方法，给出其框架和算法描述；针对基于单一特征描述子的 SVT 检索方法的图像检索效果不甚理想问题，提出一种多特征度量融合可扩展词汇树 SVT 图像检索方法，给出框架和算法描述；针对公开数据集进行对比实验，验证所提方法的图像检索性能。

# 第二章 基于改进豪斯多夫距离的图像检索方法

在图像检索系统中，图像内容的相似度（距离）度量是图像检索研究的重要组成部分。图像内容的相似度主要是指从图像内容提取到的特征之间的相似度，相似度度量方法的好坏将直接影响到图像检索的性能。图像内容之间的相似度主要是通过在特征空间中定义的某种形式的距离度量来获取。

豪斯多夫距离是用来描述点集之间距离的一种测度，已应用于图像配准和目标跟踪等方面，在图像检索领域显示出很好的应用前景。然而，该距离对异常值等干扰极其敏感，干扰导致度量准确度下降甚至出现错误。尽管业内提出了多种改进豪斯多夫距离来提高其抗干扰能力，但在图像检索方面尚缺少改进豪斯多夫距离的研究。本章针对豪斯多夫距离及其改进距离的原理和优缺点进行分析，通过理论分析提出一种改进豪斯多夫距离，实现基于改进豪斯多夫距离的图像检索方法，针对不同公开图像库进行图像检索验证实验。

## 第一节 豪斯多夫距离改进及分析

相似性度量广泛应用于图像检索、几何建模、数据挖掘、机器学习等诸多领域，相似性距离度量方法已经成为一个备受关注的重要问题，尤其是基于欧式距离的相似性度量方法，因其实用性强而得到更为深入的研究和应用，被认为是有效的方法。然而，该类方法仅仅考虑两个点之间的距离，既未考虑景物整体又未顾及景物之间的相对位置，在很多场合并不适用。豪斯多夫距离不是点与点的对应距离，而是极大—极小距离，属于点集间的模糊匹配，能更有效地反映出图像的特征集间的整体相似性。因此，豪斯多夫距离已应用在人脸识别、车牌识别和地图匹配等方面。

## 一、豪斯多夫距离

如上章所述，如果给定两个有限特征点集合，$X=\{x_1, x_2, x_3, \cdots, x_i, \cdots, x_N\}$ 和 $Y=\{y_1, y_2, y_3, \cdots, y_j, \cdots, y_M\}$，则度量两者间相似性的豪斯多夫距离 $H(X, Y)$，用如下公式表示：

$$H(X, Y)=\max\{h(X, Y), h(Y, X)\} \tag{2-1}$$

式中，

$$h(X, Y)=\max_{x\in X}\min_{y\in Y}\|x-y\| \tag{2-2}$$

$$h(Y, X)=\max_{y\in Y}\min_{x\in X}\|y-x\| \tag{2-3}$$

式中，$\|\cdot\|$是特征点 $x$ 和 $y$ 之间的某种距离范数，例如和范数、欧式距离、极大范数等。$h(X,Y)$ 称之为 $X$ 到 $Y$ 的前向豪斯多夫距离，其数学运算为针对集合 $X$ 中一个点 $x$ 计算其到集合 $Y$ 中的全部点 $y$ 的距离范数，取其中的最小值；对集合 $X$ 中所有点 $x$ 重复上述过程，则每个点 $x$ 得到一个对应的最小距离范数；在所有最小距离范数中，取其中最大值作为结果。$h(Y,X)$ 称之为 $X$ 到 $Y$ 的后向豪斯多夫距离，其数学运算为针对集合 $Y$ 中一个点 $y$ 计算其到集合 $X$ 全部点 $x$ 的距离范数，取其中的最小值；对集合 $Y$ 中所有点 $y$ 重复上述过程，则每个点 $y$ 得到一个对应的最小距离范数；在所有最小距离范数中，取其中最大值作为结果。前向 $h(X,Y)$ 和后向 $h(Y,X)$ 两者中的最大值即为特征点集合 $X$ 和 $Y$ 之间的豪斯多夫距离 $H(X, Y)$，亦称之为双向豪斯多夫距离。尽管豪斯多夫距离一般选择基于欧式距离进行计算，但与欧式距离不同，单向豪斯多夫距离不具有对称性，即 $h(X,Y)$ 不等于 $h(Y,X)$。

根据豪斯多夫距离的定义，它显然不是度量点点之间的对应距离，而是度量特征点集间的距离、表征特征点集间的相似程度，其弥补了欧氏距离等两点之间距离度量的缺憾，即不能反映出特征点集本身分布以及特征点集之间的位置变化。尽管豪斯多夫距离更适合用于图像检索领域，但其定义却也表明，若特征点集中只要出现一个特征点，其相似程度明显低于其他特征点，则豪斯多夫距离就明显增大，致使豪斯多夫距离度量准确度明显下降。因此，豪斯多夫距离度量方法虽能较简单的实现，但对遮挡、噪声、复杂背景等图像干扰非常敏感，其准确性和健壮性随干扰强度的增加而明显下降，难以应用于实际之中。为降低图像干扰的影响，国内外研究者针对豪斯多夫距离采取多种措施，形成了多种典型的改进豪斯多夫距离。

## 二、PHD 距离

为降低豪斯多夫距离对干扰的敏感程度，称之为部分豪斯多夫距离的PHD 距离被提出，记为 $H^{f_F f_R}(X, Y)$，其定义如下：

$$H^{f_F f_R}(X,Y)=\max(h^{f_F}(X,Y)h^{f_R}(Y,X)) \tag{2-4}$$

$$h^{f_F}(X, Y)=f^{\ th}_{x\in X}\min_{y\in Y}\|x-y\| \tag{2-5}$$

$$h^{f_R}(Y, X)=f^{\ th}_{y\in Y}\min_{x\in X}\|y-x\| \tag{2-6}$$

式中，$f\in(0, 1]$ 为小数，属于设计参数。$h^{f_F}(X, Y)$ 称之为 $X$ 到 $Y$ 的前向豪斯多夫距离。其数学运算为针对集合 $X$ 中一个点 $x$ 计算其到集合 $Y$ 中所有的点 $y$ 的距离范数，取其中的最小的值；对集合 $X$ 中所有点 $x$ 重复上述过程，则每个点 $x$ 得到一个对应的最小距离范数；按照从小到大的顺序对这些最小距离范数进行排序，取其中序号为第 $th=\text{int}(f_F\times N_X)$ 的距离范数，其中序号 $th=\text{int}(f_F\times N_X)$ 为向下取整函数、$N_X$ 为特征点集 $X$ 中的特征点数目。$h^{f_R}(Y, X)$ 称之为 $Y$ 到 $X$ 的后向豪斯多夫距离。其数学运算为针对集合 $Y$ 中一个点 $y$ 计算其到集合 $X$ 中所有的点 $x$ 的距离范数，取其中的最小的值；对集合 $Y$ 中所有点 $y$ 重复上述过程，则每个点 $y$ 得到一个对应的最小距离范数；按照从小到大的顺序对这些最小距离范数进行排序，取其中序号为第 $th=\text{int}(f_R\times N_Y)$ 的距离范数，其中 $N_Y$ 为特征点集 $Y$ 中的特征点数目。

该方法中单向豪斯多夫距离不是取最小距离范数中的最大值，而是通过设计参数 $f$ 控制取最大值和最小值之间的某一个值，单向豪斯多夫距离主要依赖于某类特征点而避免取决于极端特征点。这可在一定程度上消除干扰的影响，可抑制图像存在遮挡、退化等严重干扰时其相似性度量的下降趋势，在特征集 $X$ 和 $Y$ 相似性较高时能取得较好的度量结果，但在特征集 $X$ 和 $Y$ 相似性较低时对噪声和异常点仍然敏感。

## 三、MHD 距离

PHD 距离的思路是通过某些特定点单向豪斯多夫距离获取豪斯多夫距离的思路，而 MHD 距离，亦称之为平均豪斯多夫距离，其思路是发挥特征集中所有点的作用，用平均一极小距离替代原来的极大一极小距离作为单向豪斯多夫距离。以前向豪斯多夫距离为例，其定义如下：

$$h(X, Y)=\frac{1}{N_A}\sum_{x\in X}\min_{y\in Y}\|x-y\| \tag{2-7}$$

其数学运算为针对集合 $X$ 中一个点 $x$ 计算其到集合 $Y$ 中所有的点 $y$ 的距离范数，取其中的最小值；对集合 $X$ 中所有点 $x$ 重复上述过程，则每个点 $x$ 得到一个对应的最小距离范数，取所有最小距离范数的平均值。同理，可得到后向豪斯多夫距离，进而取两者的最大值作为豪斯多夫距离。MHD 距离综合考虑了全部特征点对豪斯多夫距离的影响，同时还减小了图像干扰的影响，对消除零均值噪声影响的效果最为显著。

## 四、LTS-HD 距离

该距离结合了 PHD 距离和 MHD 距离，同时具有两者的优点，具有更强的鲁棒性，以前向豪斯多夫距离为例，其定义如下：

$$h(X,\ Y)=\frac{1}{f_F\times N_X}\sum_{i=1}^{f_F\times N_X} f_{x\in X}^{i}\left(\min_{y\in Y}\|x-y\|\right) \tag{2-8}$$

式中，设计参数通常取 $f_F\in\left[0.6,\ 0.9\right]$，其数学运算为针对集合 $X$ 中一个点 $x$ 计算其到集合 $Y$ 中所有点 $y$ 的距离范数，取其中的最小值；对集合 $X$ 中所有点 $x$ 重复上述过程，则每个点 $x$ 得到一个对应的最小距离范数；按照从小到大的次序对这些最小距离范数排序；自序号 1 开始至序号 $(f_F\times N_X)$ 止，对所有序号对应的距离范数取平均值作为单向豪斯多夫距离。同理，可得到后向豪斯多夫距离，进而取两者的最大值作为豪斯多夫距离。

显然，LTS-HD 距离利用了诸多范数距离的平均值，同时又剔除了噪声或遮挡等干扰导致的偏大范数距离，可在很大程度上降低干扰的影响，其健壮性更高。但 LTS-HD 距离的设计参数对图像的干扰存在敏感性，其相似性度量在图像受到较严重的干扰时仍然会明显降低。

## 五、 M-HD 距离

LTS-HD 距离通过设计参数剔除了偏大的范数距离，如果被剔除的范数距离对应的是干扰，则能有效地提高其相似性度量的准确性；然而，如果两个特征集之间相似性本来就差，则有可能将客观的范数距离也剔除了，由此导致度量错误。为此，称之为 M-HD 距离的一种改进 LTS-HD 距离被提出，以前向豪斯多夫距离为例，其定义如下：

$$h(X,\ Y)=\frac{1}{N_X}\sum_{x\in X}\rho\left(\min_{y\in Y}\|x-y\|\right) \tag{2-9}$$

式中，$\rho(t)$ 是代价函数，其定义如下：

$$\rho(t)=\begin{cases}|x| & |x|\leqslant\sigma\\ \sigma & |x|\geqslant\sigma\end{cases} \tag{2-10}$$

式中，阈值$\sigma$为设计参数。其数学运算为针对集合$X$中一个点$x$计算其到集合$Y$的所有点$y$的距离范数，取其中的最小值；对集合$X$中所有点$x$重复上述过程，则每个点$x$得到一个对应的最小距离范数；将所有最小距离范数与设计阈值$\sigma$进行比较，若大于等于阈值则取阈值为结果，若小于等于阈值则取最小距离范数本身为结果；取所有结果的平均值作为单向豪斯多夫距离。同理，可得到后向豪斯多夫距离，进而取两者的最大值作为豪斯多夫距离。

显然，M-HD距离在保留LTS-HD距离优点的同时，将其剔除的偏大距离范数减小为阈值考虑在内进行平均值计算，在很大程度上弥补了LTS-HD距离的缺点，可视为最好的豪斯多夫距离的基本算法。然而，两个特征集相似程度接近相当于M-HD距离的设计阈值$\sigma$时，其度量准确性受噪声的影响大。因为，距离范数本身的真实值接近相当于设计阈值$\sigma$时，但受噪声影响其计算值超过设计阈值$\sigma$，而被计算成为$\sigma$，则接近$\sigma$的情况下M-HD距离的区分性能显著下降。

豪斯多夫距离因自身优势而成为常用的特征匹配方法，但又因对噪声、遮挡、图像退化以及复杂背景等干扰十分敏感，因此近年来被众多学者广泛研究改进。在上述阐述分析的改进豪斯多夫距离的基础之上，针对不同的具体应用场合和应用要求，豪斯多夫距离得到了进一步的改进和应用。

赵春晖等针对SAR图像边缘匹配问题，结合边缘梯度形成了一种高鲁棒性的MHD距离。吴乐等将LTS-HD距离和M-HD结合起来形成了新的改进的豪斯多夫距离，用于运动状态下目标的跟踪的自动配准。李伟峰等基于LTS-HD距离提出了一种权重豪斯多夫距离，以避免特征点数很少时出现相似性度量错误。徐旭等针对平移、缩放、旋转的SAR图像，采用PHD距离自动完成了配准。王坚强等给出了范数距离为明科夫斯基距离的豪斯多夫距离，介绍了范数距离为欧氏距离、曼哈顿距离和汉明距离的三种情况下的豪斯多夫距离；分别给出了离散型扩展灰色随机变量及其期望值和标准差，提出了一种扩展灰数的豪斯多夫距离公式，进而形成了一种灰色随机多准则决策方法，并验证了所提出的方法。杨学文等在豪斯多夫距离计算公式中引入平均运算，将原单向豪斯多夫距离中的最大—最小值替换为平均—最小值的平方根，形成了一种具有平均效应的豪斯多夫距离，有效地提高了豪斯多夫距离度量的抗干扰能力；同时通过引入预识别提高了系统的识别速度。陈泽华等引入最小豪斯多夫距离即最小—最小值，与原豪斯多夫距离即最大—最小值结合在一起形成一种融合的豪斯多夫距离，而且两者的加权系数采用近邻分量分析进行确定，这种融合豪斯多夫距离综合了最大豪斯多夫距离和最小豪斯多夫距离的优点。聂斌等将豪斯多夫距离引入二维空间，验证了豪斯多夫距离在轮廓偏移和变点识别中的有效性和稳定性。甘古利·苏兰詹等将豪斯多夫距离应用于人脸的匹配，得到了较好的效果。李志军等同时利用部分豪斯多夫距离和平均豪斯多夫距离的思想，将两者结合在一起形成一种混合豪斯多夫距离，明显地减小了异常点和遮挡等干扰的影响；同时采用边缘相位和显著性作为约束条件有效地改善了匹配效果。甘新胜采用高斯形式的核函数对豪斯多夫距离进行了改进，其效果与 LTS-HD 距离相似，但相比之下在相似性很高时其度量准确度更低，在相似性较低时其度量准确度更高。高伟等将平均运算的思想引入豪斯多夫距离，用平均—最小值的平方根替代原单向豪斯多夫距离中的最大—最小值，形成了一种具有改进的豪斯多夫距离，有效地减少了误匹配；同时结合人工蜂群算法减少了重力匹配时间。

上述各种改进豪斯多夫距离从很大程度上减小了噪声、异常点、遮挡、复杂背景等干扰对准确性和稳定性的影响，能提高相似性度量的准确率。但是，豪斯多夫距离研究主要集中于图像匹配与目标跟踪等方面，缺少直接用于图像检索方面的研究，有些情况下的相似性度量效果并不理想。因此，下面以图像检索为应用目标，针对现有豪斯多夫距离的不足，提出一种改进的豪斯多夫距离。

## 六、改进豪斯多夫距离

前面已述及豪斯多夫距离不具备健壮性，因为很少的异常值就会导致其出现错误的结果。只要一个点 $y \in Y$ 远离其他的点，而其他点都在 $X$ 和 $Y$ 附近，结果 $h(X,Y)$ 就会很大，导致错误的相似性度量。例如在图像检索中，这种情况经常会出现。查询图像前景往往具有复杂背景和杂乱背景，极有可能影响特征点提取的结果，而数据库图像具有相同前景的同时具有不同的背景或仅具有简单的背景，结果查询图像与数据库图像之间的豪斯多夫距离值会远远偏离其本身应有的值，两者之间的相似性度量准确度显著下降。因此，图像检索中复杂背景会对豪斯多夫距离形成干扰，有必要对豪斯多夫距离进行改进，以消除干扰的影响。

根据前面分析，豪斯多夫距离改进的主体思路可以总结为两个：一是引入平均的概念，充分发挥特征集中所有点的作用，既更充分地体现了豪

斯多夫距离度量两个特征点集合整体之间相似性的优势，又削弱了极端值的影响，同时还具有平均范数距离误差的作用；二是剔除极端值的思路，将过大的范数距离认为是干扰所产生的而剔除掉，这既保持了度量两个特征点集合整体之间相似性的优势，又在很大程度上消除了干扰的影响。各种改进豪斯多夫距离中，LTS-HD 距离同时采取这两个思路对豪斯多夫距离进行改进，形成了自身优势；M-HD 距离采用代价函数作为范数距离则更为优越。但在豪斯多夫距离中的最小距离接近阈值 $\sigma$ 情况下 M-HD 距离区分性能显著下降；而且遮挡和局部变化使得豪斯多夫距离中的最小距离分布集中在 0 值附近，则在某个阈值下这些最小距离在全部剩余最小距离中占据的比例非常大，结果导致 M-HD 距离产生明显偏离、其相似性度量准确度明显下降。

为解决上述问题，本书提出一种改进的豪斯多夫距离，该距离构建一个成本函数（Cost Function）$\gamma(t)$ 来作为豪斯多夫距离中的范数距离，称之为 CFHD 距离，以前向豪斯多夫距离为例，其定义如下：

$$H(X,Y)=\frac{1}{N_X}\sum_{x\in X}\gamma\left(\min_{y\in Y}\|x-y\|\right) \tag{2-11}$$

其数学运算为针对集合 $X$ 中一个点 $x$ 计算其到集合 $Y$ 中所有的点 $y$ 的距离范数，取其中的最小值；对该最小值进行成本函数运算，获得最小值成本函数值；对集合 $X$ 中所有 $x$ 重复上述过程，则每个点 $x$ 得到一个对应的最小值成本函数值；对所有最小值成本函数值取平均值作为单向豪斯多夫距离。同理，可得到后向豪斯多夫距离，进而取两者中的最大值作为豪斯多夫距离。

公式（2-11）中成本函数 $\gamma(t)$ 是凸函数并且对称的函数，在零点处有唯一的最小值 $\gamma_0$，本文成本函数 $\gamma(t)$ 定义如下：

$$\frac{\mathrm{d}\gamma(t)}{\mathrm{d}t}=k\cdot\gamma(t)\left[1-\frac{\gamma(t)}{\tau}\right]\theta \tag{2-12}$$

$$\gamma(0)=\gamma_0 \tag{2-13}$$

根据公式 (2-11)，当 $\min_{y\in Y}\|x-y\|$ 很小时，$\gamma\left(\min_{y\in Y}\|x-y\|\right)$ 大于 $\gamma_0$，且随 $\min_{y\in Y}\|x-y\|$ 增大而迅速增大，则能减小遮挡和局部变化等干扰的影响；随着 $\min_{y\in Y}\|x-y\|$ 逐渐增大，$\gamma\left(\min_{y\in Y}\|x-y\|\right)$ 开始线性增长，反映出真实的距离

$\min\limits_{y\in Y}\|x-y\|$；当$\min\limits_{y\in Y}\|x-y\|$很大时，$\gamma\left(\min\limits_{y\in Y}\|x-y\|\right)$受到阈值的限制，避免了因异常点和复杂背景等干扰影响而显著增大。

求解公式 (2-12) 得到成本函数$\gamma(t)$公式如下：

$$\gamma(t)=\frac{\tau}{1+\left(\dfrac{\tau}{\gamma_0}-1\right)\exp(-kt)} \tag{2-14}$$

式中$\gamma_0$取值范围为 0~1，通过实验确定$\gamma_0$=0.1，$k$=0.05，减少异常值所导致$\gamma\left(\min\limits_{y\in Y}\|x-y\|\right)$的影响的阈值$\tau$=0.8。CFHD 距离的相似性度量性能取决于$\tau$，因此确定合适的$\tau$值是至关重要的，如果参数$\tau$设定为无穷大，则 CFHD 距离等于一个常数。因为成本函数$\gamma(t)$与距离$\min\limits_{y\in Y}\|x\quad y\|$相关联，因此阈值$\tau$通过实验确定。

图 2-1 是成本函数$\gamma\left(\min\limits_{y\in Y}\|x-y\|\right)$与原距离$\min\limits_{y\in Y}\|x-y\|$之间的关系图。根据图中曲线可以看出，原距离$\min\limits_{y\in Y}\|x-y\|$为 0 时，$\gamma\left(\min\limits_{y\in Y}\|x-y\|\right)$为 0.1 且随原距离$\min\limits_{y\in Y}\|x-y\|$增大而迅速增大，这会减小遮挡和局部变化等干扰的影响；随着原距离$\min\limits_{y\in Y}\|x-y\|$继续增大，$\gamma\left(\min\limits_{y\in Y}\|x-y\|\right)$呈近似线性关系增大直至原距离$\min\limits_{y\in Y}\|x-y\|$=70，这真实地反映了原距离$\min\limits_{y\in Y}\|x-y\|$的大小；原距离$\min\limits_{y\in Y}\|x-y\|$超过 70 后，$\gamma\left(\min\limits_{y\in Y}\|x-y\|\right)$开始迅速衰减，且衰减越来越快，这既减小了异常点和复杂背景等干扰的影响，又保持了一定的相似性区分能力；当原距离$\min\limits_{y\in Y}\|x-y\|$超 150 后，$\gamma\left(\min\limits_{y\in Y}\|x-y\|\right)$趋近于阈值$\tau$，则将异常点和背景等干扰导致的大距离限定为$\tau$，从而在很大程度上减小了干扰的影响。

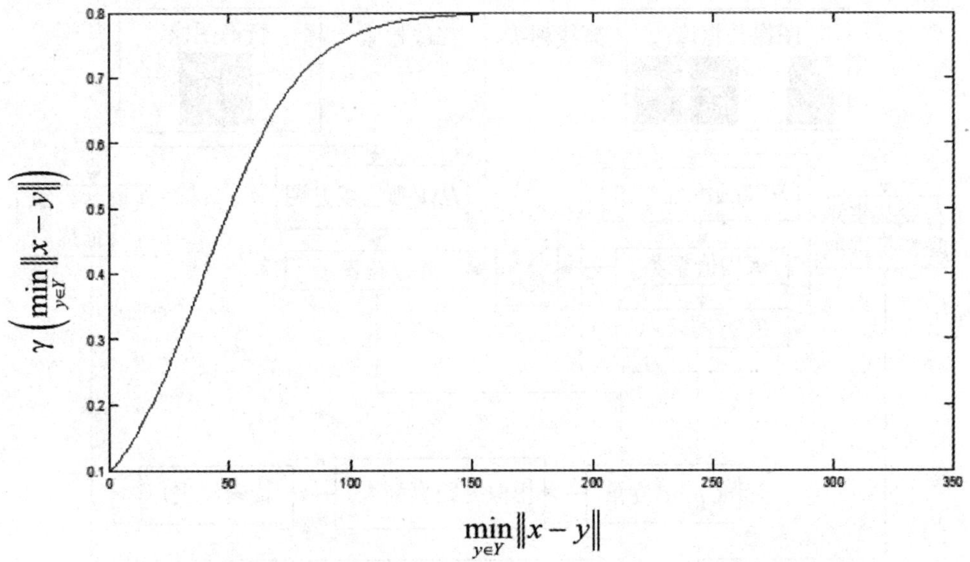

图 2-1 成本函数$\gamma\left(\min_{y\in Y}\|x-y\|\right)$与原距离$\min_{y\in Y}\|x-y\|$之间的关系

## 第二节 基于 CFHD 距离的图像检索方法

### 一、基于 CFHD 距离的图像检索框架

为了验证所提出的改进豪斯多夫距离（称之为 CFHD 距离）在图像检索中应用的效果，需要构建基于 CFHD 距离的图像检索算法，验证 CFHD 距离在图像检索中的效果。

本书基于 CFHD 距离的图像检索框架如图 2-2 所示。众所周知，图像颜色特征和纹理特征在图像检索方面优于形状特征，具有技术更成熟、检索效果更好、应用更广泛的优点，所以图像特征选用颜色特征和纹理特征。另外，图像颜色特征和纹理特征随图像内容越加丰富而检索效果越差，同时颜色属于点或像素性质，而纹理属于局部邻域性质，两者具有互补性质，则结合起来能更全面地提供图像内容、取得更好的图像检索效果，所以选择颜色特征和纹理特征以便于后续多特征融合图像检索方法研究。

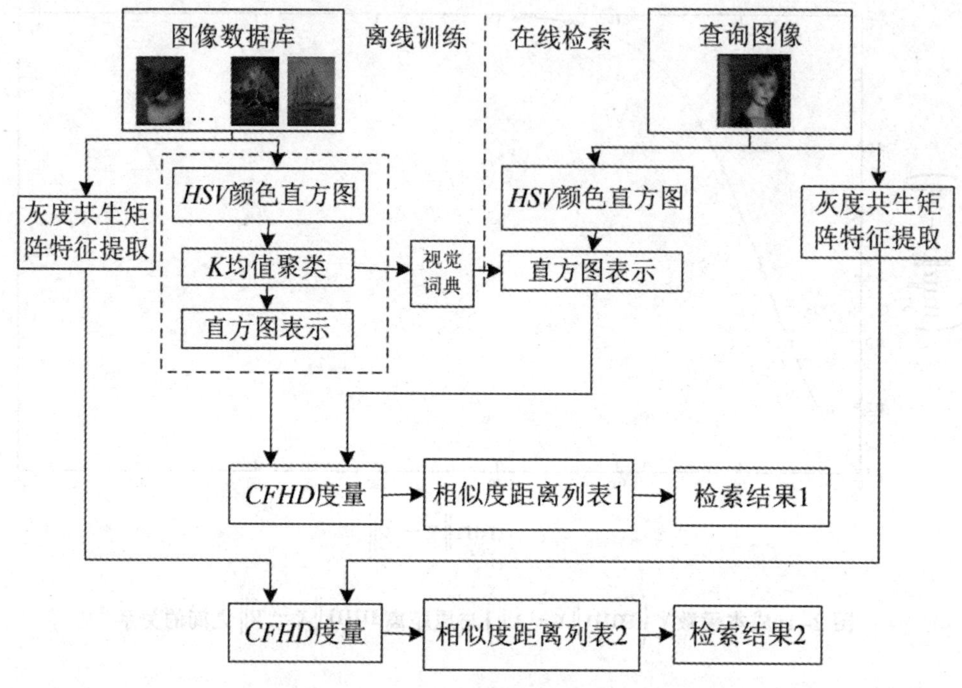


图 2–2 基于 CFHD 距离的图像检索框架

在图 2–2 所示框架中，选择颜色特征中的 HSV 空间下的颜色直方图，并采用 BOW 模型进行颜色特征提取；选择纹理特征中的灰度共生矩特征进行纹理特征提取；采用 CFHD 距离对查询图像和数据库图像的 BOW 模型下的颜色特征进行相似度度量，得到相似度距离列表 1；同理，对查询图像和数据库图像的纹理灰度共生矩进行相似度度量，得到相似度距离列表 2；按照距离大小对相似度距离列表 1 进行排序，依据排序给出 BOW 模型下的颜色特征的检索结果，获得目标图像；针对相似度距离列表 1 进行同样的操作，得到灰度共生矩特征的检索结果。

整个检索过程分为离线训练与查询检索两个阶段。在离线训练阶段，首先提取图像库中的所有图像的颜色与纹理特征，颜色特征通过提取每幅图像在 HSV 空间下的颜色直方图，获取所有图像颜色特征的描述向量，并对所有颜色特征的向量进行 $K$ 均值聚类，获得视觉字典，然后采用欧式距离计算每一幅图像的颜色特征直方图即图像标签，即采用 BOW 模型进行颜色特征提取。纹理特征通过提取图像库中每幅图像的灰度共生矩获得图像的纹理特征。查询检索阶段与训练阶段的步骤相同，首先获得查询图像的颜色特征的图像标签与纹理特征向量，然后利用改进的豪斯多夫距离分别计算查询图像与数

据库图像的图像标签的相似度、查询图像与数据库图像纹理特征的相似度，获得关于颜色特征的查询列表1与纹理特征的查询列表2，并对其排序，选择相似度最高的作为查询结果的输出，分别得到关于颜色特征与纹理特征的检索结果。

因此，本书分别采用BOW模型下的颜色特征和灰度共生矩特征实现CFHD距离的图像检索。

## 二、基于CFHD距离的图像检索方法实现

根据图2-2，基于CFHD距离的图像检索方法包括*HSV*空间模型颜色直方图特征提取、BOW模型运算、纹理灰度共生矩特征提取、改进豪斯多夫距离计算、相似度距离排序与检索结果返回五个部分，下面分别阐述具体实现原理和步骤，给出基于CFHD距离的图像检索方法。

### 1. *HSV*空间模型的颜色直方图特征提取与BOW模型运算

*HSV*空间模型相比RGB空间模型更适合人类的视觉感知，能够更好地模拟人眼的视觉特性，如图2-3所示，该模型由色调（$H$）、饱和度（$S$）以及亮度（$V$）组成，呈现倒圆锥形，中心线表示亮度（$V$），其取值范围为0～1，分别对应于$V$轴的末端及圆锥的顶面。色调（$H$）为绕着亮度轴的旋转角度，其取值范围为0～1，饱和度（$S$）表示离开轴心的距离。色调（$H$）与饱和度（$S$）信息与人感受颜色的方式直接相关，而其亮度分量（$V$）与彩色信息没有关系，因此，*HSV*空间的颜色模型更适合颜色特征相似性的表达。

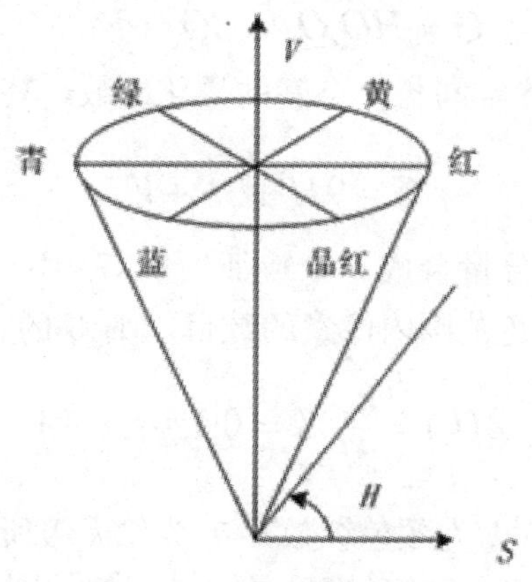


图2-3 *HSV*空间模型

本书将图像库图像与待检索图像变换到 *HSV* 颜色空间中，然后分别对 $H$、$S$、$V$ 通道进行量化，将 $H$ 空间按照视觉的分辨率分成 8 份，$S$ 空间与 $V$ 空间分别分成 3 份，并按照公式（2-15）～公式（2-17）进行量化。

$$H=\begin{cases}0 & \text{if } h\in[316,20]\\ 1 & \text{if } h\in[21,40]\\ 2 & \text{if } h\in[41,75]\\ 3 & \text{if } h\in[76,155]\\ 4 & \text{if } h\in[156,190]\\ 5 & \text{if } h\in[191,270]\\ 6 & \text{if } h\in[271,195]\\ 7 & \text{if } h\in[296,315]\end{cases} \tag{2-15}$$

$$S=\begin{cases}0 & \text{if } s\in[0,0.2]\\ 1 & \text{if } s\in[0.2,0.7]\\ 3 & \text{if } s\in[0.7,1]\end{cases} \tag{2-16}$$

$$V=\begin{cases}0 & \text{if } v\in[0,0.2]\\ 1 & \text{if } v\in[0.2,0.7]\\ 2 & \text{if } v\in[0.7,1]\end{cases} \tag{2-17}$$

根据上述的量化等级，并根据 $H$、$S$、$V$ 对颜色的贡献程度，分别把 $H$、$S$、$V$ 三个空间的颜色分量构造成一维的特征矢量，表达式如下：

$$G=HQ_sQ_V+SQ_s+V \tag{2-18}$$

$Q_s$ 和 $Q_V$ 分别表示 $S$ 空间与 $V$ 空间的量化级数。其中，$Q_s=3$，$Q_V=3$，则可得出：

$$G=9H+3S+V \tag{2-19}$$

将三个空间的颜色分量合成一个特征矢量 $G$，并计算 $G$ 的直方图。即表示特征矢量 $G$ 中每个颜色范围内像素的数目，则 $G$ 的直方图定义为：

$$Z(k)=\frac{n_k}{N},k=0,1,\cdots,L-1 \tag{2-20}$$

其中，$N$ 为总像素，$L$ 为颜色级数，$n_k$ 为第 $k$ 级所含的像素的个数。

各种颜色特征模型中，BOW 模型是一种有效的图像表达模型，因简单高效而成为目前图像分类的主流方法之一，而且将图像内容映射为视觉关键词

的集合，在降低图像特征维度的同时能保留其局部信息，因此选择颜色 BOW 模型。首先，提取图像数据库中每幅图像在 HSV 空间下的颜色直方图特征，形成颜色描述向量。然后采用 $K$ 均值聚类方法对局部描述符进行聚类，并采用直方图方法统计聚类中心即视觉单词在每幅图像中出现的频次，形成图像特征直方图。

基于 BOW 模型的图像检索框架如图 2–4 所示，具体步骤如下。

（1）特征描述：给定训练集，提取局部的特征，并采用局部的特征描述子对其进行描述，形成描述向量。

（2）词典构建：采用局部的特征描述向量构建是由视觉单词（visual words）组成的视觉词典（visual vocabulary）或称视觉码本（visual codebook），如采用 $K$ 均值聚类方法对局部特征描述向量进行聚类，每个聚类中心即为一个视觉单词；

（3）特征编码：将训练集图像的局部特征描述向量用视觉词典进行编码，从而分析图像的局部特征在特征空间中的分布情况，如采用直方图方法统计视觉单词的频率次数，形成特征直方图。本章中局部特征描述向量的统计直方图称为特征直方图或标签（image signature）。

（4）图像标签库：将特征编码结果采用倒序索引方式存储在图像库中。

（5）查询结果：给定查询图像，采用步骤 1~3 处理查询图像，获得查询图像的特征编码结果，产生标签，使用距离进行测度计算其与数据库图像的相似度，得到结果。

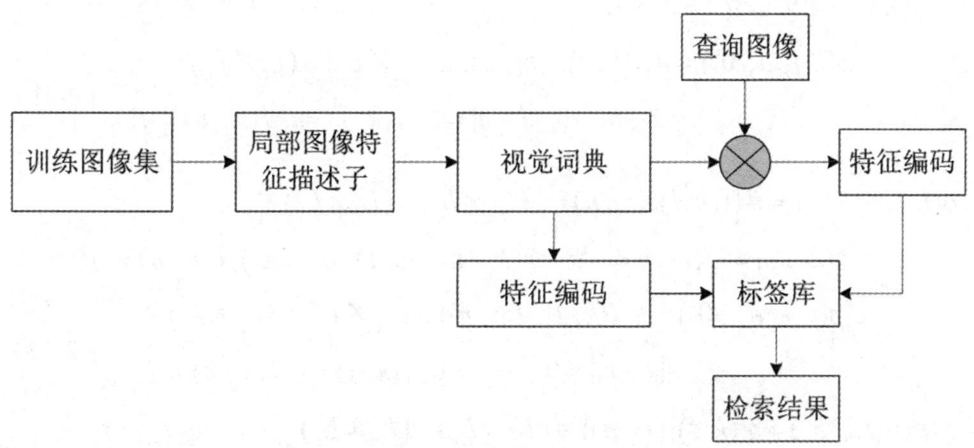


**图 2–4 基于 BOW 模型的图像检索框架**

（6）纹理灰度共生矩特征提取：灰度共生矩阵是图像纹理特征提取的常

用方法，其原理为统计图像中两个临近点灰度构成的二维向量，并根据其出现频率完成统计矩阵。图 2-5 为满足灰度共生矩阵两个临近像素点的定义，这两个临近像素点在图像 *XOY* 平面内的灰度具有相关关联的特性，即像素 $i$ 和像素 $j$ 的距离即相对方向夹角分别要满足距离 $d$ 和 $\theta$。灰度共生矩能够反映灰度的变化趋势、变化强度以及灰度的方向等多种信息，因此，本书采用灰度共生矩阵进行检索图像的纹理特征提取。

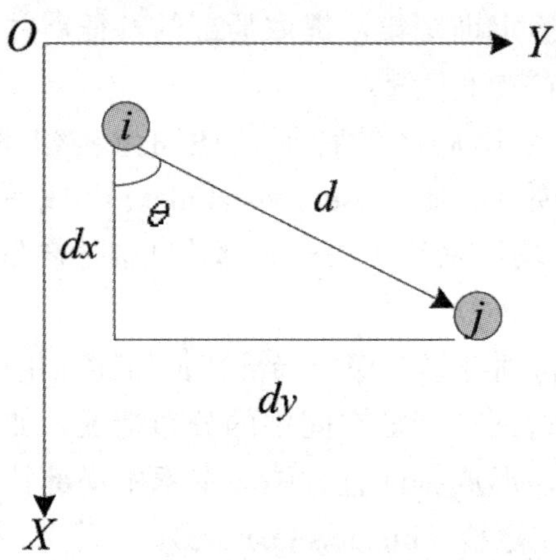


图 2-5 灰度共生矩阵像素点的相邻关系

当 $\theta$ 为 0°、45°、90°、135° 时，其相邻定义分别如图 2-6 所示，图像灰度共生矩的表达式分别为：

$$p(i,j,d,0^\circ)=\#\{((k,l),(m,n))\in(L_y\times L_x)\times(L_y\times L_x) \mid k-m=0,\ |l-n|=d,\ I(k,l)=i,\ I(m,n)=j\} \tag{2-21}$$

$$p(i,j,d,45^\circ)=\#\{((k,l),(m,n))\in(L_y\times L_x)\times(L_y\times L_x) \mid (k-m=d,l-n=-d)or(k-m=d,l-n=-d),I(m,n)=j\} \tag{2-22}$$

$$p(i,j,d,90^\circ)=\#\{((k,l),(m,n))\in(L_y\times L_x)\times(L_y\times L_x) \mid |k-m|=0,\ l-n=0,\ I(k,l)=i,\ I(m,n)=j\} \tag{2-23}$$

$$p(i,j,135^\circ)=\{((k,l),(m,n))\in(L_y\times L_x)\times(L_y\times L_x) \mid (l-m=d,l-n=-d)or(k-m=d,l-n=-d),I(k,l)=i,I(m,n)=j\} \tag{2-24}$$

其中，$L_x$、$L_y$ 分别代表横向和纵向的解像度，$I(k,l)$ 和 $I(m,n)$ 表示像素点在 $(k,l)$ 与 $(m,n)$ 处的灰度级。

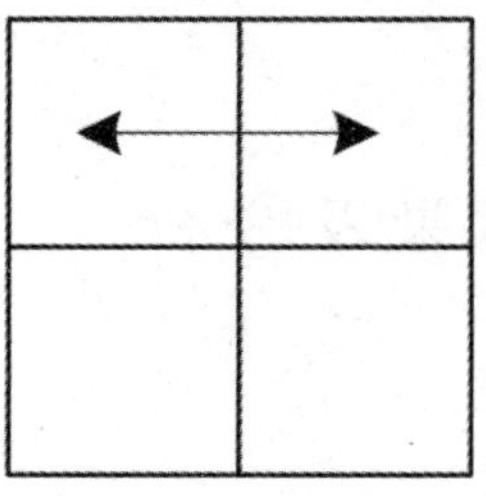

(a)$\theta$=0° 时的相邻定义

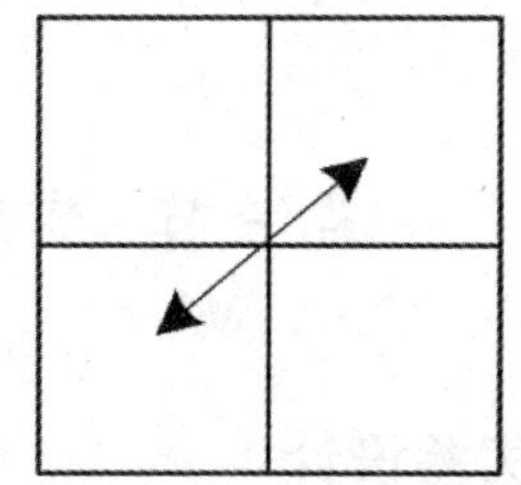

(b) $\theta$=45° 时的相邻定义

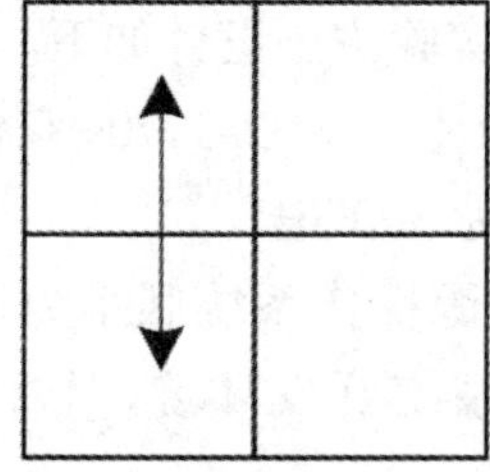

(c) $\theta$=90° 时的相邻定义

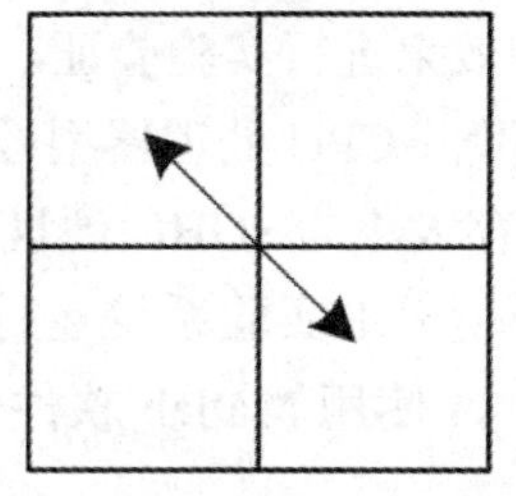

(d) $\theta$=135° 时的相邻定义

图 2-6　灰度共生矩中相邻定义

对于待检索的图像与图像库中的每一幅图像，我们将其灰度级分为 $N_g$ 个，灰度共生矩阵的表达式为　　的一个方阵，如公式（2-25）所示。

$$G(d,\theta)=\begin{Bmatrix} p(1,1,d,\theta) & p(1,2,d,\theta) & \cdots & p(1,N_g,d,\theta) \\ p(2,1,d,\theta) & p(2,2,d,\theta) & \cdots & p(2,N_g,d,\theta) \\ \cdots & \cdots & \cdots & \cdots \\ p(N_g,1,d,\theta) & p(N_g,2,d,\theta) & \cdots & p(N_g,N_g,d,\theta) \end{Bmatrix} \quad (2\text{-}25)$$

（7）相似度距离计算：在提取查询图像与图像库在 *HSV* 颜色空间下采用 BOW 模型进行颜色特征提取以及采用灰度共生矩阵进行纹理特征提取之后，按照本书所提出的 CFHD 距离，即 $H(X,Y)=\frac{1}{N_X}\sum_{x\in X}\gamma\left(\min_{y\in Y}\|x-y\|\right)$ 计算查询图像颜色特征集合中所有点与图像库中第 $j$ 幅图像颜色特征集合所有点 $y_j$ 的最小成本函数，对所有最小值成本函数值取平均值作为单向豪斯多夫距离，后向豪斯多夫距离采用同样的步骤，然后取两者中的最大值作为查询图像与图像库中第 $j$ 幅图像的豪斯多夫距离，对图像库中所有的图像重复上述过程，得到颜色特征的相似度列表 2-1。同理，按照本书所提出的 CFHD 距离计算查询图像与图像库中第 $j$ 幅图像在纹理特征的相似性，得到纹理特征的相似度距离列表 2-2，并由此得到采用颜色特征的检索结果与采用纹理特征

的检索结果。

## 第三节 实验结果及分析

### 一、验证实验设计

根据上节给出的单特征图像检索方法和多特征融合图像检索方法，本节对 CFHD 距离的效果进行实验验证，验证实验主要设计如下。

（1）硬件环境：CPU 处理器型号为 Intel Core i7-3770s 双核处理器，主频为 3.10GHz，内存大小为 8GB，硬盘大小为 500GB。

（2）软件环境：本实验系统运行于开源操作系统版本为 Ubuntu 14.04 的操作系统平台下，使用 Matlab 软件作为系统开发环境，软件版本为 Matlab 2014b。

（3）图像特征：图像颜色特征中的颜色直方图、图像纹理特征中的灰度共生矩特征。

（4）相似性度量：欧式距离、豪斯多夫距离、EMD 距离、CFHD 距离。

（5）图像数据库：Indoor-outdoor 图像库、Corel 自然图像库、Kaggle cat-dog 图像库。

（6）图像检索实验。

图像检索实验一：颜色直方图特征欧式距离度量图像检索实验；

图像检索实验二：颜色直方图特征豪斯多夫距离度量图像检索实验；

图像检索实验三：颜色直方图单一特征 EMD 距离度量图像检索实验；

图像检索实验四：颜色直方图特征 CFHD 距离度量图像检索实验；

图像检索实验五：共生矩特征欧式距离度量图像检索实验；

图像检索实验六：共生矩特征豪斯多夫距离度量图像检索实验；

图像检索实验七：共生矩特征 EMD 距离度量图像检索实验；

图像检索实验八：共生矩特征 CFHD 距离度量图像检索实验。

（7）检索性能评价参数：采用查准率评价图像检索的性能，它是检索出的属于查询图像类别的所有图像数与检索出的全部类别的所有图像数之比。

分别针对 3 个图像数据库进行上述 8 种实验，共计进行 24 个实验，得到 24 个实验结果。实验中，按照相似性由高到低进行排序，取排序序列前若干幅图像作为检索结果返回给用户。设定一个检索结果返回图像的幅数，则得到一个图像检索的查准率，可作为该情况下检索效果的评价。那么，当检索结果返回图像的幅数变化时，图像检索的查准率也随之变化。以检索结果返

回图像的幅数为自变量，以图像检索的查准率为函数，每个实验都形成一个实验曲线，则 24 个实验共给出 24 个曲线。根据这 24 个实验曲线的相互对比，可以评价出不同相似性度量方法的图像检索效果。

在以往豪斯多夫距离及其改进距离的研究中，对异常点噪声、景物变形、遮挡等干扰问题均有理论论述和实验验证，但对复杂背景的影响问题未见报道。本书前面在提出 CFHD 距离过程中，从理论角度阐释了对抑制复杂背景影响的原理，本节实验根据背景复杂程度的不同选择 3 个图像数据库，以验证 CFHD 距离抑制复杂背景影响的效果。

另外，选择典型主流距离度量方法来比较 CFHD 距离的图像检索效果；选择豪斯多夫距离来比较其改进前后的图像检索效果；选择 EMD 距离来验证 CFHD 距离的图像检索查准率水平，因为 EMD 距离也同时考虑了集合之间的差异和集合自身分量之间的差异而具有高鲁棒性的特点，尽管因寻优过程导致检索时间长，但其度量集合整体相似性的准确程度获得了普遍认可。

## 二、图像库选择

根据图像背景的复杂程度不同，选择 Indoor-outdoor 图像库、Corel 自然图像库和 Kaggle cat-dog 图像库进行验证实验。

**1. Indoor-outdoor 数据库**

如图 2-7 所示，Indoor-outdoor 图像库中有 799 幅图像，图像为室内或室外的简单环境中的景物图像，具有背景颜色和纹理单一、景物对象明显等特点，图像背景简单甚至无背景。实验中按照图像总量 8：2 比例，分别用于训练集和测试集。针对该图像库进行实验一至实验八。

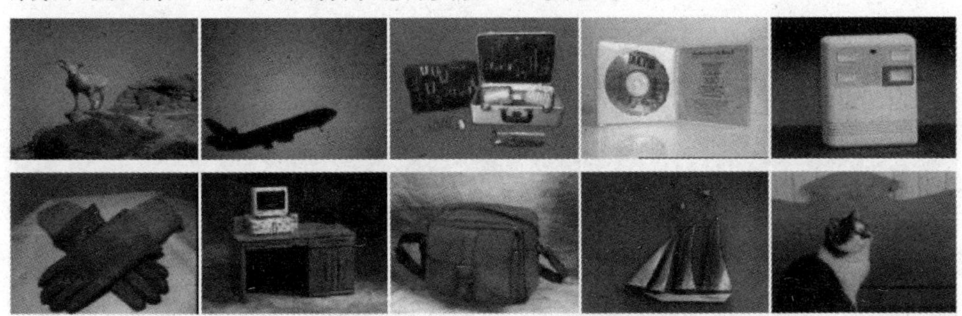

图 2-7 Indoor-outdoor 数据集的样本图像

**2. Corel-9 自然图像数据库**

如图 2-8 所示，实验中第二个图像库为来源于 Corel 公司提供的 Corel-9

自然风景图像库，国际上比较通用。该图像库有用于图像检索的 10 类 1000 幅图像，图像一般是具有丰富的颜色和纹理背景，其背景面积明显超过景物本身，图像背景以自然景色为主。该图像库图像背景的复杂程度明显超过了 Indoor-outdoor 图像库。实验中按照图像总量 8 ： 2 比例，分别用于训练集和测试集。针对该图像库进行实验一至实验八。

图 2-8 Corel-9 数据集的样本图像

**3. Kaggle cat-dog 数据库**

实验中第三个图像库来源于得到工业界高度认可的数据分析的竞赛平台 Kaggle，如图 2-9 所示。该图像库这份数据集来源于 Kaggle。原数据集有 12500 只猫和 12500 只狗，我们只取了各类的前 400 张图片。该图像库中图像具有更为复杂的背景，背景显得杂乱无章，而且景物往往被遮挡，图像背景以生活场景为主。该图像库中图像背景的复杂程度又明显超过了 Corel 自然图像库。实验中按照图像总量 8∶2 的比例，分别用于训练集和测试集。针对该图像库进行实验一至实验八。

图 2-9 Kaggle cat-dog 数据集的样本图像

## 三、图像检索实验结果及其分析

### 1. 直方图特征检索 Indoor-outdoor 图像库的实验结果及分析

针对图像颜色特征的颜色直方图进行实验一、实验二、实验三和实验四，得到 4 条实验曲线，共同绘制于图 2–10 中形成 4 种距离度量方法的图像检索查准率性能实验对比结果。其中，查准率的计算公式为：

$$\text{Precision} = \frac{|S \cap C_1|}{|S|} \tag{2-26}$$

其中，$S$ 为匹配的类别，$C_1$ 为数据库中所有图像类别，$|S|$ 是图像数量，

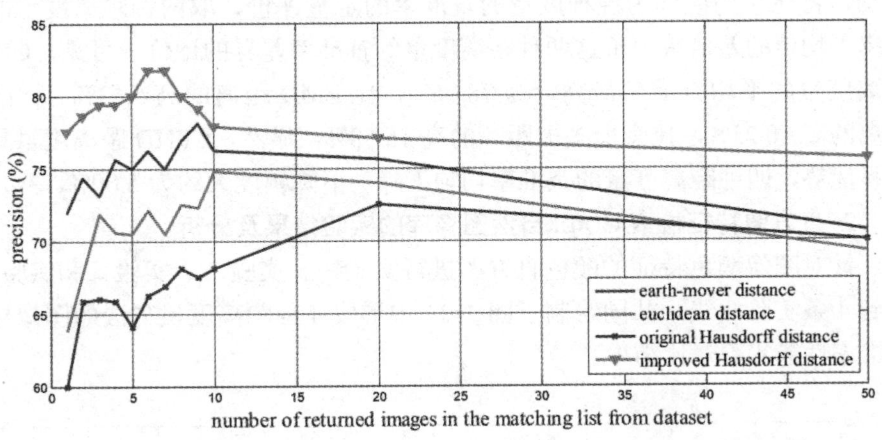


图 2–10　颜色特征检索 Indoor–outdoor 图像库的查准率实验对比结果

根据图中曲线整体趋势来看，显然采用 CFHD 距离度量的图像检索查准率最高，采用 EMD 距离度量的次之，采用距离欧式度量的又次之，采用豪斯多夫距离度量的最低，查准率整体下降幅度比较均匀、明显。造成这样结果的原因在于，当查询图像库的图像简单，背景并不复杂时，传统的度量方式都能较好地衡量目标图像和图像库图像之间的相似度。但是当光照、色彩、纹理、尺度变换以及其他各种因素导致背景复杂时，传统度量方式就显得力不从心了。而改进后的豪斯多夫距离则具有明显的优势，其查准率大大提高。为定量比较各种距离度量的图像检索查准率，选择图像检索返回图像的幅数分别为 1 幅、3 幅和 5 幅三种情况，其结果参见表 2–1。表中，“Precision1”表示在图像库中检索后返回的图像数量是“1”的情况，“Precision3”表示在图像库中检索后返回的图像数量是“3”的情况，“Precision5”表示在图像库中检索后返回的图像数量是“5”的情况。

表 2-1 颜色特征检索 Indoor-outdoor 图像库的查准率定量对比（%）

| 颜色 BOW | Indoor-outdoor 图像库 | | |
|---|---|---|---|
| | Precision1 | Precision3 | Precision5 |
| CFHD 距离 | 77.500 | 79.370 | 80.000 |
| EMD 距离 | 71.880 | 73.120 | 75.000 |
| 欧氏距离 | 63.810 | 71.833 | 70.473 |
| 豪斯多夫距离 | 60.00 | 66.000 | 64.120 |

根据表 2-1 中实验数据，针对一种距离度量在三种情况下的查准率进行平均，将该平均值作为该种度量的查准率的定量评价，取两种距离度量的查准率平均值的差值来评价这两种距离度量的查准率差异的评价。可见，CFHD 距离度量的平均查准率最高，为 78.96%，比 EMD 距离的高 5.63%，比欧氏距离的高 10.25%，比豪斯多夫距离的高 15.58%。显然，CFHD 距离度量具有明显优势，四种距离度量的查准率均匀下降，下降幅度大约为 5.00%。

**2. 直方图特征检索 Corel 自然图像库的实验结果及分析**

针对图像颜色特征的颜色直方图进行实验一、实验二、实验三和实验四，得到 4 条实验曲线，共同绘制于图 2-11 中形成 4 种距离度量方法的图像检索查准率性能实验对比结果。

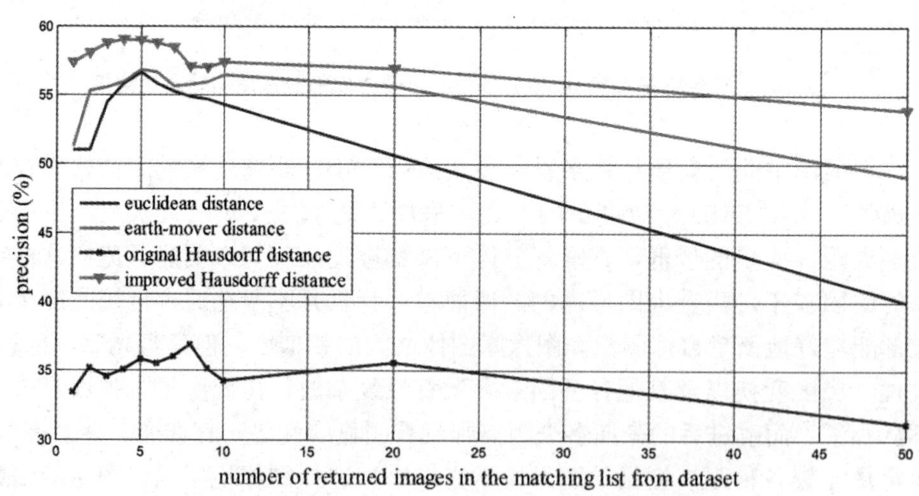


图 2-11 颜色特征检索 Corel 自然图像库的查准率实验对比结果

根据图中曲线整体趋势来看，显然采用 CFHD 距离度量的图像检索查准率最高，采用 EMD 距离度量的次之，采用距离欧式度量的又次之，采用豪斯

多夫距离度量的最低，而且前三个比较接近并远高于最后一个。根据图中实验数据曲线，选择图像检索返回图像的幅数分别为 1 幅、3 幅和 5 幅的三种情况，其结果参见表 2-2。

**表 2-2 颜色特征检索 Corel 自然图像库的查准率定量对比（%）**

| 颜色 BOW | Corel 自然图像库 | | |
|---|---|---|---|
| | Precision1 | Precision3 | Precision5 |
| CFHD 距离 | 57.360 | 58.740 | 58.980 |
| EMD 距离 | 51.272 | 55.587 | 56.796 |
| 欧氏距离 | 51.050 | 54.490 | 56.600 |
| 豪斯多夫距离 | 33.460 | 34.540 | 35.830 |

根据表 2-2 中实验数据，CFHD 距离度量的平均查准率最高，为 58.36%，比 EMD 距离的高 3.81%，比欧氏距离的高 4.31%，比豪斯多夫距离的高 23.75%。显然，CFHD 距离度量最具优势，而且前三个相对接近并远高于最后一个。另外，CFHD 距离度量的查准率比 Indoor-outdoor 图像库中的低 20.60%，差别显著，这主要是图像复杂性增加所导致的。

**3. 直方图特征检索 Kaggle cat-dog 图像库的实验结果及分析**

针对图像颜色特征的颜色直方图进行实验一、实验二、实验三和实验四，得到 4 条实验曲线，共同绘制于图 2-12 形成 4 种距离度量方法的图像检索查准率性能实验对比结果。

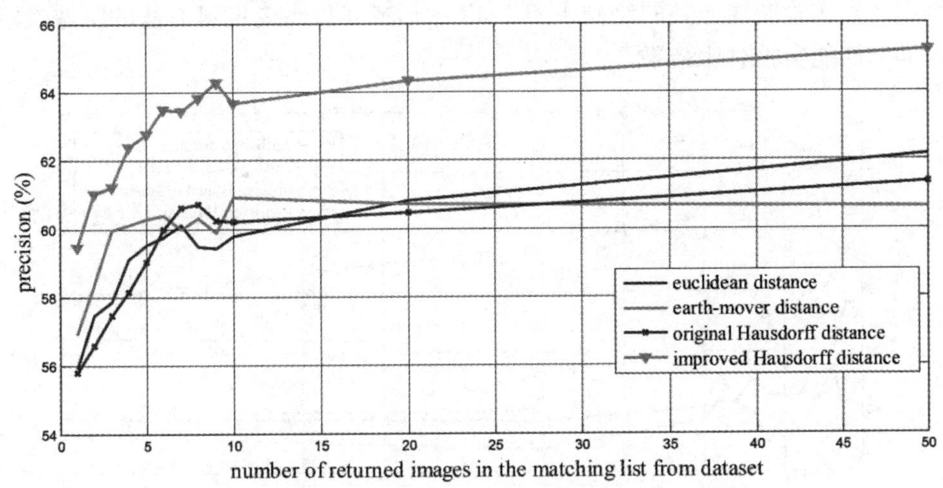


图 2-12 颜色特征检索 cat-dog 图像库的查准率实验对比结果

根据图中曲线整体趋势来看，显然采用CFHD距离度量的图像检索查准率最高，采用EMD距离度量的次之，采用距离欧式度量的又次之，采用豪斯多夫距离度量的最低，而且后三个比较接近且远低于第一个。根据图中实验数据曲线，选择图像检索返回图像的幅数分别为1幅、3幅和5幅的三种情况，其结果参见表2-3。

表2-3 颜色特征检索cat-dog图像库的查准率定量对比（%）

| 颜色BOW | cat-dog图像库 | | |
|---|---|---|---|
| | Precision1 | Precision3 | Precision5 |
| CFHD距离 | 59.450 | 61.230 | 62.770 |
| EMD距离 | 56.920 | 59.950 | 60.290 |
| 欧氏距离 | 55.940 | 57.876 | 59.525 |
| 豪斯多夫距离 | 55.790 | 57.455 | 59.025 |

根据表2-3中实验数据，CFHD距离度量的平均查准率最高，为61.15%，比EMD距离的高2.10%，比欧氏距离的高3.37%，比豪斯多夫距离的高3.73%。显然，CFHD距离度量最具优势，而且后三个相对接近并与最第一个有一定差距。另外，CFHD距离度量的查准率比Corel自然图像库中的高2.79%，差别较小，可见当图像复杂性达到一定程度时其查准率随复杂性变化而变化不明显。

**4. 共生矩特征检索Indoor-outdoor图像库的实验结果及分析**

针对图像颜色特征的颜色直方图进行实验五、实验六、实验七和实验八，得到4条实验曲线，共同绘制于图2-13中形成4种距离度量方法的图像检索查准率性能实验对比结果。

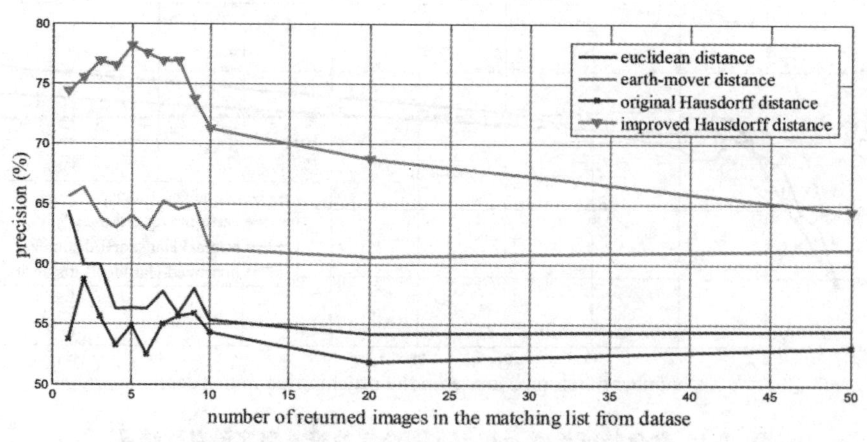


图2-13 纹理特征检索Indoor-outdoor图像库的查准率实验对比结果

根据图中曲线整体趋势来看，显然采用CFHD距离度量的图像检索查准率最高，采用EMD距离度量的次之，采用距离欧式度量的又次之，采用豪斯多夫距离度量的最低，查准率整体下降幅度比较均匀、明显，其中第三个和第四个之间差别相对较小。为定量比较各种距离度量的图像检索查准率，选择图像检索返回图像的幅数分别为1幅、3幅和5幅的三种情况，其结果参见表2-4。

表2-4　纹理特征检索Indoor-outdoor图像库的查准率定量对比（%）

| 纹理 | Indoor-outdoor 图像库 | | |
|---|---|---|---|
| | Precision1 | Precision3 | Precision5 |
| CFHD距离 | 74.380 | 76.880 | 78.120 |
| EMD距离 | 65.620 | 63.870 | 64.000 |
| 豪斯多夫距离 | 53.750 | 55.620 | 54.880 |
| 欧氏距离 | 64.380 | 60.000 | 56.350 |

根据表2-4中实验数据，CFHD距离度量的平均查准率最高，为76.46%，比EMD距离的高11.96%，比欧氏距离的高16.22%，比豪斯多夫距离的高21.71%。显然，CFHD距离度量具有显著优势，四种距离度量的查准率依次下降明显。

**5. 共生距特征检索Corel自然图像库的实验结果及分析**

针对图像颜色特征的颜色直方图进行实验五、实验六、实验七和实验八，得到4条实验曲线，共同绘制于图2-14中形成4种距离度量方法的图像检索查准率性能实验对比结果。

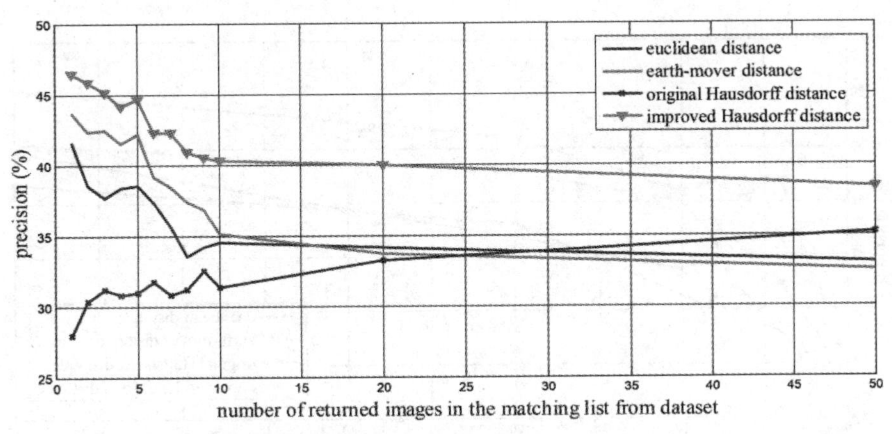


图2-14　纹理特征检索Corel自然图像库的查准率实验对比结果

根据图中曲线整体趋势来看，显然采用CFHD距离度量的图像检索查准

率最高，采用EMD距离度量的次之，采用距离欧式度量的又次之，采用豪斯多夫距离度量的最低。显然，CFHD距离度量具有显著优势，而且后三个比较接近并显著低于第一个。根据图中实验数据曲线，选择图像检索返回图像的幅数分别为1幅、3幅和5幅的三种情况，其结果参见表2-5。

表2-5 纹理特征检索Corel自然图像库的查准率定量对比（%）

| 纹理 | Corel 自然图像库 | | |
|---|---|---|---|
| | Precision1 | Precision3 | Precision5 |
| CFHD距离 | 46.480 | 45.120 | 44.670 |
| EMD距离 | 43.684 | 42.430 | 42.165 |
| 豪斯多夫距离 | 27.920 | 31.170 | 30.980 |
| 欧氏距离 | 41.597 | 37.640 | 38.550 |

根据表2-5中实验数据，CFHD距离度量的平均查准率最高，为45.42%，比EMD距离的高2.66%，比欧氏距离的高6.16%，比豪斯多夫距离的高15.61%。显然，CFHD距离度量具有明显优势，四种距离度量的查准率依次下降明显。另外，CFHD距离度量的查准率比Indoor-outdoor图像库中的低31.04%，下降极其显著，可见当图像复杂性由很低变高时会导致查准率急剧下降。

**6. 共生矩特征检索Kaggle cat-dog图像库的实验结果及分析**

针对图像颜色特征的颜色直方图进行实验五、实验六、实验七和实验八，得到4条实验曲线，共同绘制于图2-15中形成4种距离度量方法的图像检索查准率性能实验对比结果。

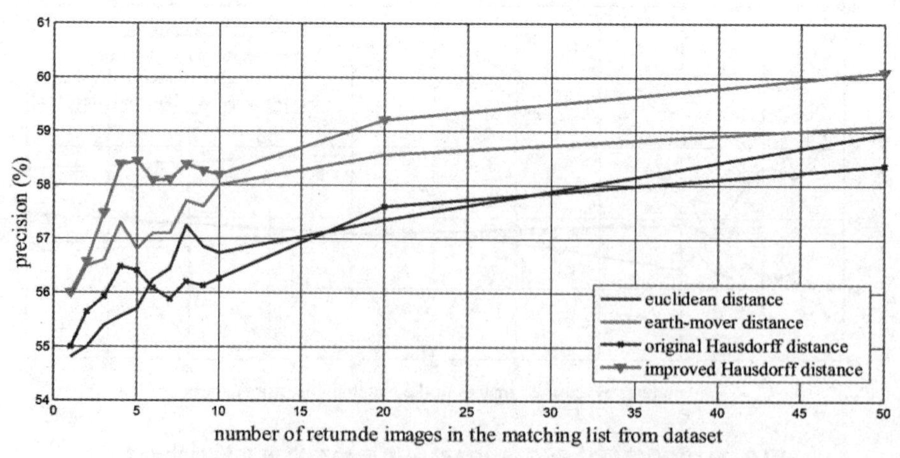


图2-15 纹理特征检索cat-dog图像库的查准率实验对比结果

根据图中曲线整体趋势来看，显然采用CFHD距离度量的图像检索查准

率最高，采用EMD距离度量的次之，采用距离欧式度量的又次之，采用豪斯多夫距离度量的最低。显然，CFHD距离度量具有显著优势，而且后三个比较接近并显著低于第一个。根据图中实验数据曲线，选择图像检索返回图像的幅数分别为1幅、3幅和5幅的三种情况，其结果参见表2-6。

表2-6　纹理特征检索cat-dog图像库的查准率定量对比（%）

| 纹理 | cat-dog 图像库 | | |
|---|---|---|---|
| | Precision1 | Precision3 | Precision5 |
| CFHD 距离 | 56.000 | 57.480 | 58.440 |
| EMD 距离 | 55.900 | 56.600 | 56.800 |
| 豪斯多夫距离 | 54.996 | 55.923 | 56.402 |
| 欧氏距离 | 54.800 | 55.392 | 55.704 |

根据表2-6中实验数据，CFHD距离度量的平均查准率最高，为57.30%，比EMD距离的高0.87%，比欧氏距离的高2.01%，比豪斯多夫距离的高1.53%。显然，CFHD距离度量的效果最好，四种距离度量的查准率相差不明显。另外，CFHD距离度量的查准率比Corel自然图像库中的低11.87%，下降明显，可见当图像复杂性达到一定程度时其查准率随复杂性变化的变化不显著。

总结上述特征图像检索的实验结果及分析，相比之下CFHD距离度量取得了最好的图像检索效果，既保留了其原有优于欧式距离的特点，又克服了豪斯多夫距离的固有缺点，而且还超越了EMD距离所达到的水平。

# 第三章 多特征度量 DS 融合图像检索方法

图像包含丰富的内容信息，单一特征只能反映图像的一部分属性，缺乏足够的描述信息，对图像的描述比较片面，依靠单一特征难以很好地完成图像识别和检索。而采用图像颜色、纹理、形状，包括空间关系等多种图像特征同时描述图像，描述信息充分，能够更完整地描述图像内容，因而多特征融合的图像检索方法是必然的发展趋势。

本章首先采用等权重相加多特征融合图像检索框架，实现一种基于 CFHD 距离的等权重相加多特征融合图像检索方法，采用图像数据库验证 CFHD 距离在多特征融合图像检索中的效果；然后，采用 DS 证据理论对 CFHD 距离度量进行融合，形成一种基于 CFHD 距离的多特征 DS 融合图像检索方法，采用图像数据库对该方法进行图像检索验证实验。

## 第一节 多特征度量融合图像检索框架

基于内容的图像检索系统在其初始阶段主要采用单一图像特征进行图像检索，因为基于单一特征进行图像检索简单且容易实现。然而，单一图像特征仅仅表达了图像某一方面的属性，不能完整地表达出图像内容，而且未考虑各种图像特征之间的相互联系，不足以包含所有的图像本身具有的识别信息，结果难以获得理想的图像检索效果，不能满足实际使用要求。

为了解决采用单一图像特征进行图像检索存在的问题，基于内容的图像检索开始采用两类或多个类别的图像特征进行图像检索，通过融合来提升图像检索效果，这已经成为主流技术方案。多特征图像检索就是结合图像内容的颜色、纹理、形状、空间关系等两种或两种以上的图像特征，较全面描述图像内容的检索方法。进行多特征检索既可将不同特征两两结合，也可将两个以上特征结合。基于多特征的图像检索的出现可以达到不同特征的优势互补的效果，提高检索的灵活性和系统的性能，使用户可以更灵活、更有效地

表达他们的查询要求。现有融合方法集中于权重求和的融合方式，其融合是通过加权求和计算来实现的。根据对参量进行加权运算，又可进一步分为两种方法，一种是对不同的图像特征进行加权求和，获得融合后的图像特征；另一种是针对同一个图像特征采用不同的相似性度量方法，然后将得到的所有相似度进行加权求和，获得融合后的相似度。

本书融合思路与上面两种加权求和方法不同，基于所提出的CFHD距离，采用该距离同时对多个图像特征分别进行相似性度量，然后将所获得的相似性度量结果进行加权求和，利用融合后的相似性度量进行排序和返回检索结果，这既利用了特征融合的优势又发挥了所提改进距离的作用。另外，尽管加权求和类方法因实现简单且便于理解而成为目前的主流方法，但实现过程中存在确定权重值选择的困难，而权重值本身直接影响检索结果，不同权重得到的检索结果差异明显。所以，本章在利用等权重相加进行融合进行图像检索的基础上，研究采用DS证据理论进行融合实现图像检索的方法。

基于本书融合思路的多特征度量融合图像检索框架如图3-1所示，针对查询图像和图像库中所有图像进行图像特征提取获得特征向量。图像特征可包括颜色特征、纹理特征、形状特征以及其他特征。图像最直接的视觉特征之一就是颜色，因为人眼对颜色非常敏感。颜色特征是图像内容的基本特性，人类用颜色特征能识别大部分图像和图像中的景物。而且，颜色对于图像尺寸和方位具有不变性，成为使用最为广泛的底层视觉特征。颜色特征向量涵盖包括直方图、相关图等。

纹理是人类视觉中决定性的基元，纹理特征已经用于辨认图像内容。根据纹理，可从航拍图像中识别出农田和山脉；利用纹理，可描述图像内容，如云朵、砖块、毛发等。纹理与颜色结合可促进识别和描述纹理特性，能提供人类视觉的图像景物重要特征的细节。颜色和纹理之间决定性的区别在于颜色具有点或者像素性质而纹理具有局部邻域性质。因为纹理与颜色结合时其表达力增强了，基于内容的图像检索系统往往采用纹理和颜色综合方式查询技术。纹理特征向量涵盖LBP纹理、惯性熵、纹理共生矩等。

形状属重要的视觉特征并且是用于描述图像内容的基本特征之一。然而，形状表达和描述是一件困难的事情，因为真实世界中的三维景物被投影成二维图像平面而丢失了一维景物信息，结果从图像抽取形状只能部分表达所投影的景物。而且，形状常常被噪声、疵点、扭曲和遮挡所损毁而使得形状表达和描述更加复杂。形状特征向量涵盖角点、边缘、轮廓等。

图像特征及其向量各有特点，不同特点的图像需选用不同的图像特征进行表达和描述。同样，针对不同特点的图像也需要选择不同的图像特征进行融合来取得更为理想的图像检索效果。

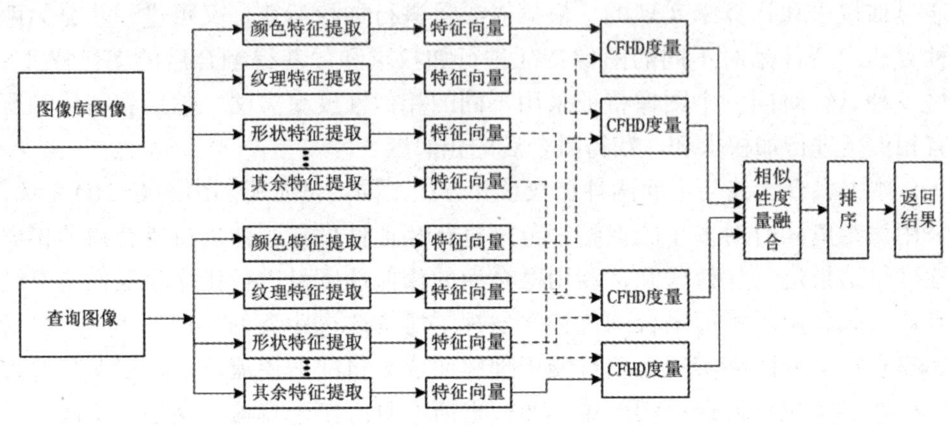


**图 3-1 多特征度量融合图像检索框架**

根据图 3-1，多特征融合图像检索方法将数据库中所有图像的每个图像的颜色、纹理、形状等单一特征提取出来，与查询图像的颜色、纹理、形状的单一特征分别按照某种相似性距离进行对应的相似性度量，得到一组不同特征之间的相似性距离数据。然后把不同特征获取的相似性距离按照某种融合方法进行融合，得到融合后的相似性度量值，根据相似程度依次对数据库图像进行排序并给出检索结果。

## 第二节 基于 CFHD 距离的多特征度量等权重相加融合图像检索方法

众所周知，采用图像颜色特征或纹理特征在图像检索方面优于形状特征，具有技术更成熟、检索效果更好、应用更广泛的优点，但随图像内容越丰富而检索效果越差。另一方面，颜色属点或像素性质，而纹理属局部邻域性质。因此，两者分别单独描述图像时仅仅表达出图像部分内容，在检索内容丰富的图像时更难取得良好效果；同时，两者具有互补性质，则结合起来能更详细地提供图像内容，取得更好的图像检索效果。所以，选择颜色特征和纹理特征分别采用 CFHD 距离进行相似性度量，再将相似性度量及结果通过等权重相加求和获得融合后的相似性度量，按照融合相似性度量结果进行排序并给出检索结果，从而形成一种多特征融合图像检索方法。基于 CFHD 距离的多特征度量等权重相加融合图像检索框架如图 3-2 所示。

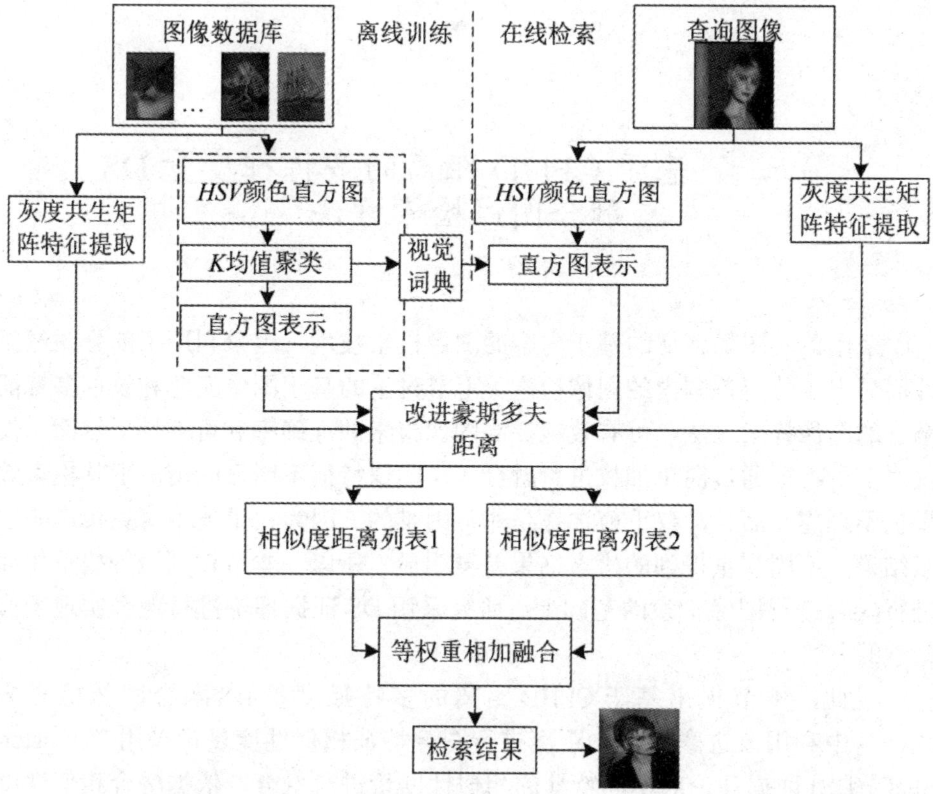

图像数据库　离线训练　在线检索　查询图像
…
灰度共生矩阵特征提取
*HSV*颜色直方图
*K*均值聚类
直方图表示
视觉词典
*HSV*颜色直方图
直方图表示
灰度共生矩阵特征提取
改进豪斯多夫距离
相似度距离列表1
相似度距离列表2
等权重相加融合
检索结果

**图 3–2　基于 CFHD 距离的多特征度量等权重相加融合图像检索框架**

与图 3–1 所示框架类似，在图 3–2 所示多特征融合图像检索框架中，选择 HSV 空间下的颜色直方图，并采用 BOW 模型进行颜色特征提取；选择灰度共生矩特征进行纹理特征提取。采用 CFHD 距离对查询图像和数据库图像的颜色 BOW 特征进行相似度度量，将相似度距离后进行归一化得到 $d_{C1}^{j}$ 列入表 3–1。同理，对查询图像和数据库图像的纹理灰度共生矩进行相似度度量，将相似度距离进行归一化得到 $d_{T1}^{j}$ 列入表 3–2。若 $\omega_{C}^{j}$ 表示第 $j$ 幅图像颜色特征的权值，$\omega_{T}^{j}$ 表示第 $j$ 幅图像纹理特征的权值，则将相似度距离列表 1 和 2 对应的距离 $d_{C1}^{j}$ 和 $d_{T1}^{j}$ 进行加权融合得到融合相似性度量 $d_j$ 如下：

$$d_j = \frac{\sum_{j=1}^{N} \omega_C^j d_C^j + \omega_T^j d_T^j}{\sum_{j=1}^{N} d_C^j + d_T^j} \tag{3-1}$$

根据融合相似性度量结果进行排序，依据排序检索结果获得目标图像。

# 第三节 基于 CFHD 距离的多特征度量 DS 融合图像检索方法

采用单一图像特征的基于内容的图像检索技术，因只利用了部分图像属性而局限于特定范围内的图像检索。上节讨论的基于图像颜色和纹理多特征融合的图像检索方法，可有效地提高图像检索的准确率和可靠性。然而，仅仅对多种特征通过简单加权进行融合，在图像特征不明显的情况下其检索效果仍不理想。而且，权重值选择是非常困难的，因为权重值本身直接影响检索结果，不同权重得到的检索结果差异明显。所以，本节在利用等权重相加进行融合进行图像检索的基础上，研究采用 DS 证据理论进行融合实现图像检索的方法。

因此，本节提出基于 CFHD 距离的多特征度量 DS 融合图像检索方法，其中利用改进豪斯多夫距离进行图像特征相似性度量，采用 Dempster-Shafer(DS) 证据理论对不同特征的相似性度量进行融合，依据融合相似性度量对图像进行排序并返回检索结果，从而可有效提高图像检索准确率。

## 一、Dempster-Shafer 理论

多源信息的融合是试图将关于目标属性的不确定、不完全的各个信息融合，产生比单一信源更加准确和可靠的估计。1967 年，哈佛大学数学家丹普斯特 (Dempster) 首次提出了证据理论。随后他的学生莎弗 (Shafer) 对该理论进一步改进和完善，从而形成了较为完整的不确定推理理论 (Dempster-Shafer)。

该证据理论是对贝叶斯的扩展，采用信任函数度量信息的不确定性，利用组合的原则对多个信息源的不确定、不精确信息进行融合，实现对目标的综合判断，增强了目标识别的可靠性和准确性。其符合比贝叶斯概率理论更弱的情况，即不必符合概率可加性，有直接表述“不知道”和“不确定”的功能，在不确定推理方面显示出强大的灵活性，自提出以来受到人们的普遍关注，被广泛应用于目标识别、医疗诊断、网络安全等各个领域。

下面首先讨论 DS 理论的基本概念。给定一个感兴趣的命题，设所有

可能的答案或假设的有限集合为$\Theta$，$\Theta$中包含互不相容的$N$个元素表示为$\Theta=\{\omega_1,\omega_2,\cdots,\omega_N\}$，$\Theta$的所有子集定义为$2^\Theta$，则：

$$2^\Theta=\{B|B\subseteq\Theta\} \tag{3-2}$$

其中，$\Theta$称为一个识别框架或假设空间，$\Theta$中的每一个元素$\omega_i, i=1,2,\cdots,N$称为一个基本假设；$2^\Theta$称为$\Theta$的幂集，其包含空集$\varnothing$和有限集合$\Theta$本身；$B$表示对命题的一种可能的假设，为$2^\Theta$的一个子集，包含单个假设$\omega_i$或多个$\omega_i$的并集。例如，$\Theta=\{x_1,x_2\}$，则$2^\Theta=\{\varnothing,\{x_1\},\{x_2\},\Theta\}$。

Dempster-Shafer 理论引入基本概率分配函数 (Basic Belief Assignment, BBA) 来描述对每一种可能假设$B$的不确定。在识别框架$\Theta$上，定义一个实值函数：

$$m:2^\Theta\rightarrow[0,1] \tag{3-3}$$

且满足：

$$\begin{aligned}&(i)\ \ m(B)\geqslant 0, for\ any\ B\subseteq 2^\Theta\\&(ii)\ \ m(\varnothing)=0\\&(iii)\ \sum_{B\in 2^\Theta}m(B)=1\end{aligned} \tag{3-4}$$

则$m$是mass，或函数基本的概率分配函数，它为幂集$2^\Theta$中的每一个元素（可能假设）$B$赋以一个信任值 (belief mass) $m(B)$；对于所有的$B\subseteq 2^\Theta$有$0\leqslant m(B)\leqslant 1$，空集的mass函数值$m(\varnothing)$为0。若对于$B\subseteq 2^\Theta$有$m(B)>0$，则称该可能假设$B$为焦元 (focal elements)。

为表示依据当前证据对可能假设$B$的信任程度，Dempster-Shafer 证据理论定义了似然函数$Pl$和信任函数$Bel$，信任区间$[Bel(B),Pl(B)]$即表示了对假设$B$的确认程度。

**定义 1（信任函数 belief function, *Bel*）**：对于任意的$B\subseteq\Theta$，$Bel$称为信度函数；$X$为$B$的子集，$Bel(B)$表示对假设$B$的综合信任程度，因此$Bel(\varnothing)=0, Bel(\Theta)=1$；当且仅当$B$为识别框架$\Theta$中的任一单一子集时，有$Bel(B)=m(B)$：

$$Bel(B)=\sum_{X\subseteq B}m(X) \tag{3-5}$$

**定义 2（似然函数 plausibility function, *Pl*）**：对于任意的$B\subseteq\Theta$，$Pl$称为似然函数；$X$为$B$的子集，$Pl(B)$表示不否定命题　的程度，它是与可能假设$B$相交的全部子集的mass值总和。

$$Pl(B)=\sum_{X\cap B}m(X),B\subseteq\Theta \tag{3-6}$$

从上述叙述得到，似然函数 $Pl$ 和信任函数 $Bel$ 是对可能假设 $B$ 的信任度的最小值和最大值，有时被称为概率区间的下限和上上限函数。因此，根据 Dempster-Shafer 证据理论可知，$Bel(B)\leqslant Pl(B)$；同时，它们符合如下内容：

$$Pl(B)=1-Bel(\overline{B})=\sum_{X\cap B\neq\varnothing}m(X),B\subseteq\Theta,X\subseteq\Theta \tag{3-7}$$

其中，$\overline{B}$ 表示与可能假设 $B$ 相反的命题，$Pl(B)-Bel(B)$ 表示既不信任 $B$ 也不信任 $\overline{B}$ 的程度，即对于可能假设 $B$ 是给出的信任程度为“不知道”。

下面讨论 DS 的合成规则。当所有关于命题的可能假设（证据）均已确定，如何组合来自多个信息源的不确定、不完整的证据，从而给出对命题的综合判断是一个关键问题。其定义了组合不同证据的合成公式，即 Dempster’s 合成规则（Dempster’s rule of combination），也称为证据合成公式，其定义如下：

**定义 3（两个证据的 Dempster’s 合成规则）**：对于 $\forall B\subseteq\Theta$，$\Theta$ 上的两个基本的概率分配函数 $m_1$ 和 $m_2$ 的合成规则为：

对于 $\forall B\subseteq\Theta$，$\Theta$ 上的两个基本概率分配函数 $m_1$ 和 $m_2$ 的合成规则为：

$$\begin{aligned}m_{1,2}(B)&=(m_1\oplus m_2)(B)\\&=\frac{1}{1-K}\sum_{X\cap Y=B\neq\varnothing}m_1(X)\cdot m_2(Y)\end{aligned} \tag{3-8}$$

其中，$X$ 和 $Y$ 表示两个数据源对假设 $B$ 提供的证据。令 $K$ 为归一化的常数，$K=\sum_{X\cap Y=\varnothing}m_1(X)\cdot m_2(Y)$ 归一化常数 $K$ 表征了 $X$ 和 $Y$ 对假设 $B$ 的矛盾程度，其值越大，两个证据之间的矛盾越严重；当 $K=0$ 时，表示两个证据　和 $Y$ 完全一致；当 $K=1$ 时，表示两个证据完全冲突；当 $0<K<1$ 时，表明两个证据是部分相容的。

将公式 (3-7) 或 (3-8) 推广到多个证据的组合情况，可得多证据的 Dempster’s 证据合成公式，定义如下：

**定义 4（$n$ 个证据的 Dempster’s 合成规则）**：对于 $\forall B\subseteq\Theta$，识别框架 $\Theta$ 上的有限个基础概率分配函数 $m_1,m_2,\ldots,m_n$ 的合成规则为：

$$\begin{aligned}m(B)&=(m_1\oplus m_2\oplus\ldots\oplus m_n)(B)\\&=\frac{\sum_{X_1\cap X_2\cap\ldots\cap X_n=B\neq\varnothing}m_1(X_1)\cdot m_2(X_2)\cdot\ldots\cdot m_n(X_n)}{1-K}\end{aligned} \tag{3-9}$$

其中，归一化常数$K=\sum_{X_1\cap X_2\cap\ldots\cap X_n\neq\phi} m_1(X_1)\cdot m_2(X_2)\cdot\cdots\cdot m_n(X_n)$。

## 二、基于 CFHD 距离的多特征度量 DS 融合图像检索方法实现方式

多特征度量 DS 融合图像检索框架如图 3-3 所示。设数据库中的数量为$M$，$Q$表示查询数量，$N$表示特征数量，$F$表示特征向量，查询与数据库的特征距离用$d$表示，定义$E$表示假设“该图像与查询图像属于同一类别”，定义$A$表示假设“该图像与查询图像不属于同一类别”。根据 Dempster-Shafer 证据理论的基本概念可知，集合$\Theta$定义为$\Theta=\{E,A\}$，特征信任度（mass 值）定义为$m$。

根据图 3-3，该多特征融合检索方法的基本步骤如下。

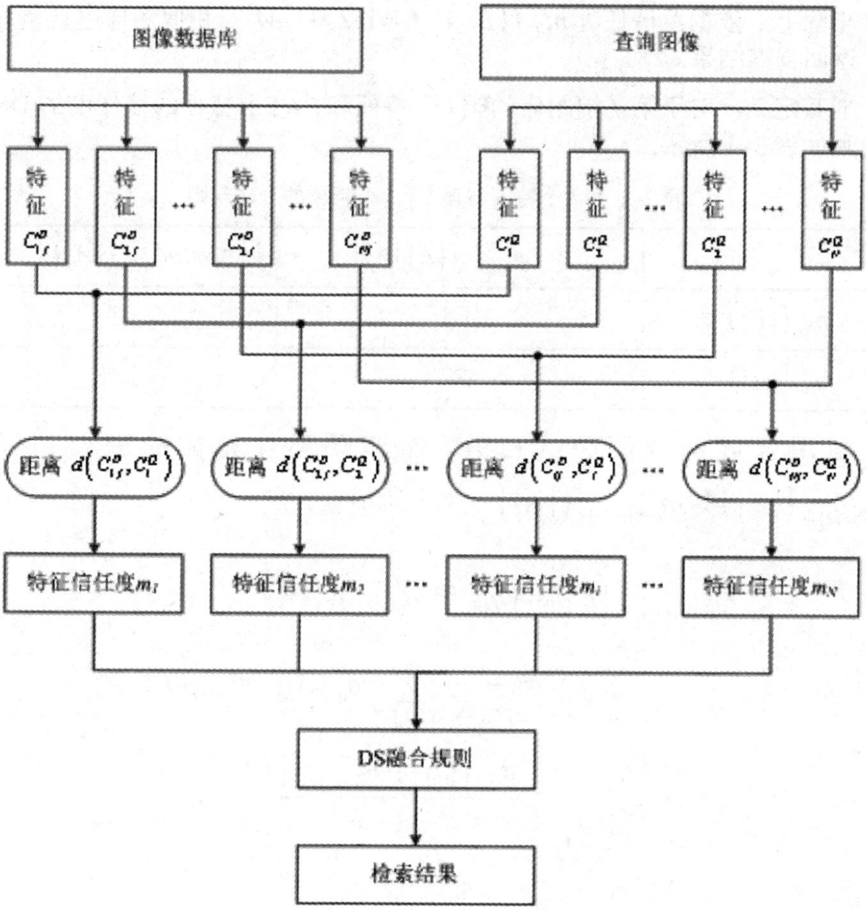

图像数据库
查询图像
特征 $C^D_{1f}$　特征 $C^D_{2f}$　…　特征 $C^D_{if}$　…　特征 $C^D_{Nf}$
特征 $C^Q_1$　特征 $C^Q_2$　…　特征 $C^Q_i$　…　特征 $C^Q_N$
距离 $d(C^D_{1f},C^Q_1)$　距离 $d(C^D_{2f},C^Q_2)$　…　距离 $d(C^D_{if},C^Q_i)$　…　距离 $d(C^D_{Nf},C^Q_N)$
特征信任度$m_1$　特征信任度$m_2$　…　特征信任度$m_i$　…　特征信任度$m_N$
DS融合规则
检索结果

图 3-3　多特征度量 DS 融合图像检索框架

步骤一：对 $Q$ 的多个特征(数量为 $N$ )进行提取，形成其表示向量 $F_i^Q, i=1,2,\cdots,N$ ；

步骤二：设库中有 $M$ 幅，每幅与查询对应的特征表示为 $F_{ij}^Q, i=1,2,\cdots,N; j=1,2,\cdots,M$ ；

步骤三：计算数据库每一幅与查询的 $Q$ 的每个特征的对应的特征的距离 $d\left(F_{ij}^D, F_i^Q\right)$，表示为 $d_{ij}, i=1,2,\cdots,N; j=1,2,\cdots,M$ ；

步骤四：分别对多个距离归一化，得到之后的距离 $d_{ij}^{'}$ ；

步骤五：将各特征的归一化距离设置为该特征的信任度（mass）值，得到 $m_{ij}^F\left(\{E\}\right)=d_{ij}^{'}, i=1,2,\cdots,N$ ；因此，$m_{ij}^F\left(\{A\}\right)=1-m_{ij}^C\left(E\right), i=1,2,\cdots,N$

步骤六：采用 Dempster's 合成规则的公式 (3-9) 融合多个特征，得到数据库的与查询的各图像的总信任度 $m_j^Q\left(\{E\}\right)$=$K$, $j=1,2,\cdots,M$ ；

步骤七：依据总信任度 $m_j^Q\left(\{E\}\right), j=1,2,\cdots,M$ 对相似图像进行倒序排列，返回查询结果。

据其定义，对于第 $j$ 幅图像的第 $i$ 个特征和 $i+1$ 个特征的信任度的 DS 组合规则如表 3-1 所示。

表 3-1 第 $i$ 个特征与第 $i+1$ 个特征的合成规则

| | $m_{(i+1)j}^F\left(\{E\}\right)$ | $m_{(i+1)j}^F\left(\{A\}\right)$ |
|---|---|---|
| $m_{ij}^F\left(\{E\}\right)$ | $\{\ \}$ | $\varnothing$ |
| $m_{ij}^F\left(\{A\}\right)$ | $\varnothing$ | $\{A\}$ |

利用合成的规则公式 (3-9)，能够获得各特征的融合信任度 $m_{(i\oplus(i+1))j}^F\left(\{E\}\right)$ 和 $m_{(i\oplus(i+1))j}^F\left(\{A\}\right)$，如下所示：

$$\begin{aligned} m_{(i\oplus(i+1))j}^F\left(\{E\}\right) &= \left(m_{ij}^F \oplus m_{(i+1)j}^F\right)\left(\{E\}\right) \\ &= \frac{1}{1-K}\sum_{X\cap Y=E} m_{ij}^F(X)\cdot m_{(i+1)j}^F(Y) \\ &= \frac{m_{ij}^F\left(\{E\}\right)\cdot m_{(i+1)j}^F\left(\{E\}\right)}{1-K} \end{aligned} \tag{3-10}$$

$$
\begin{aligned}
m_{(i\oplus(i+1))j}^{F}(\{A\}) &= \left(m_{ij}^{F} \oplus m_{(i+1)j}^{F}\right)(\{A\}) \\
&= \frac{1}{1-K} \sum_{X \cap Y = A} m_{ij}^{F}(X) \cdot m_{(i+1)j}^{F}(Y) \\
&= \frac{m_{ij}^{F}(\{A\}) \cdot m_{(i+1)j}^{F}(\{A\})}{1-K}
\end{aligned}
\tag{3-11}
$$

其中，归一化因子$K = m_{ij}^{F}(\{E\}) \cdot m_{(i+1)j}^{F}(\{A\}) + m_{ij}^{F}(\{A\}) \cdot m_{(i+1)j}^{F}(\{E\})$；$m_{(i\oplus(i+1))j}^{F}(\{E\})$表示融合后的数据库中第$j$幅图像与查询图像$Q$属于同一类别的信任值，$m_{(i\oplus(i+1))j}^{F}(\{A\})$表示融合后的数据库中第$j$幅图像与查询图像$Q$不属于同一类别的信任值。

若在上述步骤三中，计算查询图像$Q$的每个特征与图像数据库每一幅图像的相应特征的距离$d\left(F_{ij}^{D}, F_{i}^{Q}\right)$时，采用本书提出的 CFHD 距离进行相似性度量，结果就形成了本书基于 CFHD 距离的多特征度量 DS 融合图像检索方法。

## 第四节　实验结果及分析

### 一、验证实验设计

根据前面给出的基于 CFHD 距离的多特征度量等权重相加融合图像检索方法和多特征度量 DS 融合图像检索方法，本节进行实验验证。验证实验主要设计如下。

验证实验中，硬件环境、软件环境、图像特征、图像数据库、检索性能评价参数、相似性度量方法与第二章第三章节相同。

图像特征融合方法：相似性度量等权重相加融合、相似性度量 DS 融合；

图像检索实验九：多特征等权重相加融合欧式距离度量图像检索实验；

图像检索实验十：多特征等权重相加融合豪斯多夫距离度量图像检索实验；

图像检索实验十一：多特征度量等权重相加融合 EMD 距离度量图像检索实验；

图像检索实验十二：多特征度量等权重相加融合 CFHD 距离度量图像检

索实验；

图像检索实验十三：多特征度量等权重相加融合欧式距离度量噪声干扰图像检索实验；

图像检索实验十四：多特征度量等权重相加融合豪斯多夫距离度量噪声干扰图像检索实验；

图像检索实验十五：多特征度量等权重相加融合 EMD 距离度量噪声干扰图像检索实验；

图像检索实验十六：多特征度量等权重相加融合 CFHD 距离度量噪声干扰图像检索实验；

图像检索实验十七：多特征度量 DS 融合欧式距离度量图像检索实验；

图像检索实验十八：多特征度量 DS 融合豪斯多夫距离度量图像检索实验；

图像检索实验十九：多特征度量 DS 融合 EMD 距离度量图像检索实验；

图像检索实验二十：多特征度量 DS 融合 CFHD 距离度量图像检索实验。

分别针对 3 个图像数据库进行上述 12 个实验，共计进行 36 个实验，得到 36 个实验结果。实验中，当检索结果返回图像的幅数变化时，图像检索的查准率也随之变化。以检索结果返回图像的幅数为自变量，以图像检索的查准率为函数，每个实验都形成一个实验曲线，则 12 个实验共给出 36 个曲线。根据这 36 个实验曲线相互之间的对比，以及根据这 36 个实验曲线与第二章第三节中的 24 个实验曲线之间进行对比，可以评价出不同相似性度量方法在多特征融合图像检索中的效果，也可以评价出多特征度量等权重相加融合的效果，还可以评价出多特征度量 DS 融合的效果。

## 二、多特征度量等权重相加融合图像检索实验结果及其分析

### 1. 多特征度量等权重相加融合检索 Indoor-outdoor 图像库的实验结果及分析

针对颜色直方图和纹理共生矩融合进行实验九、实验十、实验十一和实验十二，得到 4 条实验曲线，共同绘制于图 3-4 中形成 4 种距离度量方法的图像检索查准率性能实验对比结果。

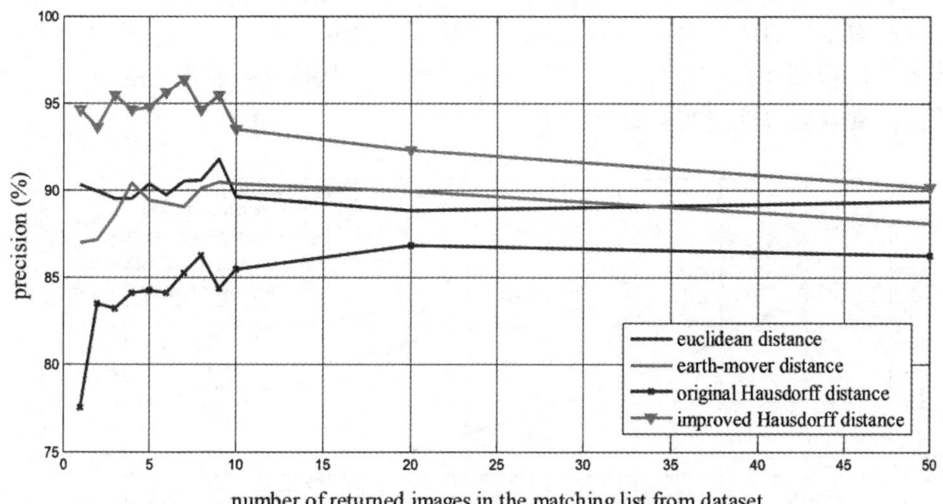


图 3-4 Indoor-outdoor 图像库的多特征融合的查准率实验对比结果

根据图 3-4 中曲线整体趋势来看，显然采用 CFHD 距离度量的图像检索查准率最高。明显高于其他三种距离度量，采用 EMD 距离度量和采用距离欧式度量的两者接近，但明显高于采用豪斯多夫距离度量。根据图中实验数据曲线，选择图像检索返回图像的幅数分别为 1 幅、3 幅和 5 幅的三种情况，其结果参见表 3-2。

表 3-2 Indoor-outdoor 图像库的多特征融合的查准率定量对比（%）

| 等权重 | Indoor-outdoor 图像库 | | |
|---|---|---|---|
| | Precision1 | Precision3 | Precision5 |
| CFHD 距离 | 94.600 | 95.457 | 94.772 |
| EMD 距离 | 86.998 | 88.569 | 89.415 |
| 豪斯多夫距离 | 77.567 | 83.195 | 84.284 |
| 欧氏距离 | 90.295 | 89.505 | 90.350 |

根据表 3-2 中实验数据，CFHD 距离度量的平均查准率最高，为 94.94%，明显高于其他三种距离度量的结果，而且比直方图单一特征的 78.96% 高 15.98%，比纹理共生矩单一特征的 76.46% 高 18.48%，这表明基于 CFHD 距离度量的多特征融合取得了显著的效果。

### 2. 多特征度量等权重相加融合检索 Corel 自然图像库的实验结果及分析

针对颜色直方图和纹理共生矩融合进行实验九、实验十、实验十一和实验十二，得到 4 条实验曲线，共同绘制于图 3–5 中形成 4 种距离度量方法的图像检索查准率性能实验对比结果。

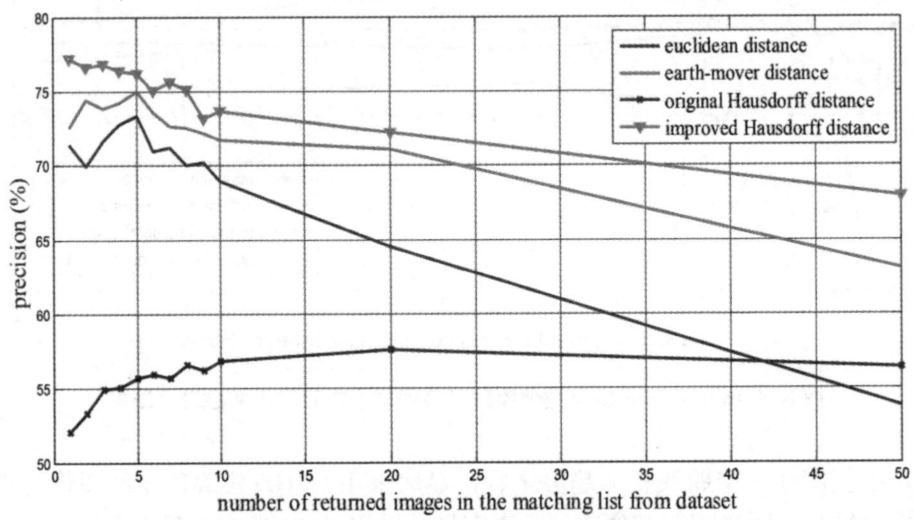


图 3–5 Corel 自然图像库的多特征加权融合的查准率实验对比结果

根据图 3–5 中曲线整体趋势来看，显然采用 CFHD 距离度量的图像检索查准率最高，比采用 EMD 距离度量的高，明显比采用距离欧式度量的高，显著比采用豪斯多夫距离度量的高。根据图中实验数据曲线，选择图像检索返回图像的幅数分别为 1 幅、3 幅和 5 幅的三种情况，其结果参见表 3–3。

表 3–3 Corel 自然图像库的多特征加权融合的查准率定量对比（%）

| 等权重 | Corel 自然图像库 | | |
|---|---|---|---|
| | Precision1 | Precision3 | Precision5 |
| CFHD 距离 | 77.178 | 76.808 | 76.197 |
| EMD 距离 | 72.558 | 73.854 | 75.013 |
| 豪斯多夫距离 | 52.038 | 54.944 | 55.710 |
| 欧氏距离 | 71.412 | 71.620 | 73.329 |

根据表 3–3 中实验数据，CFHD 距离度量的平均查准率最高，为 76.73%，高于其他三种距离度量的结果，比直方图单一特征的 58.36% 高 18.37%，比纹理共生矩单一特征的 45.42% 高 31.31%，而且比 Indoor-outdoor 图像库的

94.94% 低 18.21%。这表明基于 CFHD 距离度量的多特征融合取得了极显著的效果，且其随图像复杂度由很简单变为较复杂而急剧下降。

**3. 多特征度量等权重相加融合检索 Kaggle cat-dog 图像库的实验结果及分析**

针对颜色直方图和纹理共生矩融合进行实验九、实验十、实验十一和实验十二，得到 4 条实验曲线，共同绘制于图 3-6 中形成 4 种距离度量方法的图像检索查准率性能实验对比结果。

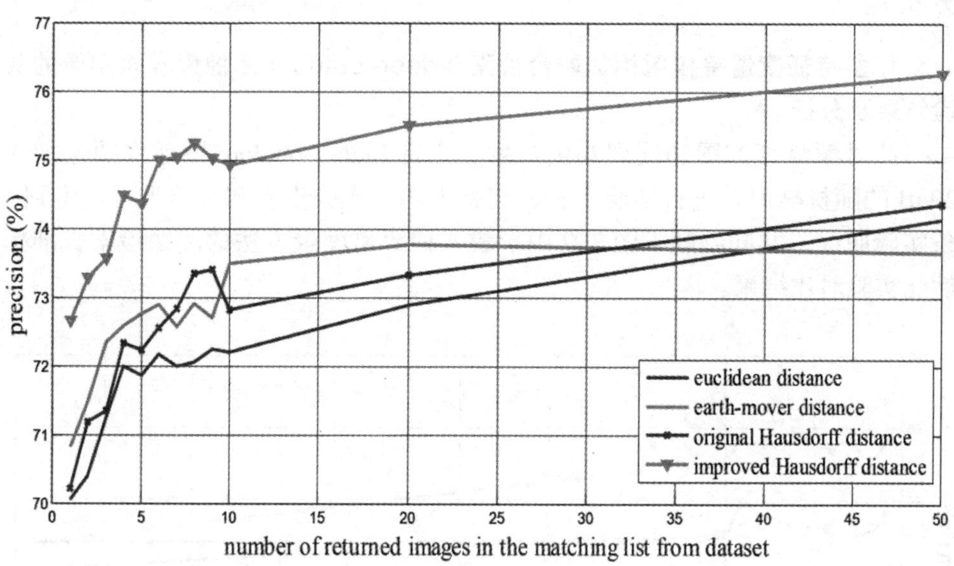


**图 3-6 cat-dog 多特征加权融合的查准率实验对比结果**

根据图 3-6 中曲线整体趋势来看，显然采用 CFHD 距离度量的图像检索查准率最高，采用其他三种距离度量的比较接近且明显低于第一种。根据图中实验数据曲线，选择图像检索返回图像的幅数分别为 1 幅、3 幅和 5 幅的三种情况，其结果参见表 3-4。

**表 3-4 cat-dog 图像库多特征加权融合的查准率定量对比（%）**

| 等权重 | cat-dog 图像库 | | |
|---|---|---|---|
| | Precision1 | Precision3 | Precision5 |
| CFHD 距离 | 72.650 | 73.565 | 74.360 |
| EMD 距离 | 70.813 | 72.352 | 72.760 |
| 豪斯多夫距离 | 70.220 | 71.345 | 72.220 |
| 欧氏距离 | 70.045 | 71.242 | 71.853 |

根据表 3-4 中实验数据，CFHD 距离度量的平均查准率最高，为 73.53%，高于其他三种距离度量的结果，比直方图单一特征的 61.15% 高 12.38%，比纹理共生矩单一特征的 57.30% 高 16.23%，而且比 Corel 自然图像库的 76.73% 低 3.20%。这表明基于 CFHD 距离度量的多特征融合取得了显著的效果。

## 三、多特征等权重相加融合噪声干扰下图像检索实验结果及其分析

### 1. 多特征度量等权重相加融合检索 Indoor–outdoor 图像库噪声图像的实验结果及分析

针对颜色直方图和纹理共生矩融合，将 Indoor-outdoor 图像库图像加入 20dB 的随机噪声，进行实验十三、实验十四、实验十五和实验十六，得到 4 条实验曲线，共同绘制于图 3-7 中形成 4 种距离度量方法的图像检索查准率性能实验对比结果。

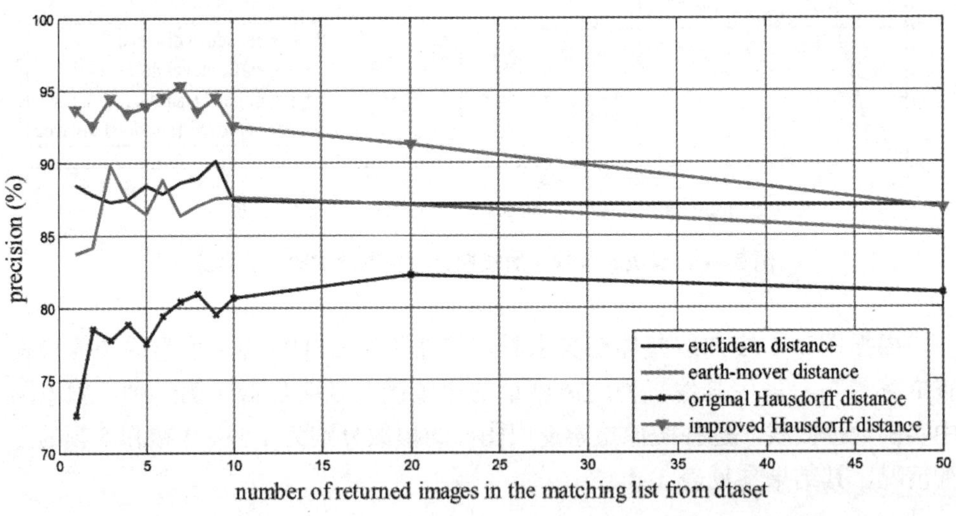


图 3–7 Indoor–outdoor 图像库加入噪声的查准率实验对比结果

根据图 3–7 中曲线整体趋势来看，显然采用 CFHD 距离度量的图像检索查准率最高，明显高于其他三种距离度量，采用 EMD 距离度量和采用距离欧氏度量的两者接近，但明显高于采用豪斯多夫距离度量。根据图中实验数据曲线，选择图像检索返回图像的幅数分别为 1 幅、3 幅和 5 幅的三种情况，其结果参见表 3–5。

表 3-5 Indoor-outdoor 图像库加入噪声的查准率定量对比（%）

| 加噪声 | Indoor-outdoor 图像库 | | |
|---|---|---|---|
| | Precision1 | Precision3 | Precision5 |
| CFHD 距离 | 93.663 | 94.418 | 93.838 |
| EMD 距离 | 83.737 | 89.795 | 86.457 |
| 豪斯多夫距离 | 72.564 | 77.802 | 77.534 |
| 欧氏距离 | 88.475 | 87.301 | 88.411 |

根据表 3-5 中实验数据，CFHD 距离度量的平均查准率最高，为 93.97%，明显高于其他三种距离度量的结果，仅比未加噪声时的 94.94% 降低 0.97%。这表明基于 CFHD 距离度量的多特征融合具有很好的抗噪声干扰能力。

**2. 多特征度量等权重相加融合检索 Corel 自然图像库噪声图像的实验结果及分析**

针对颜色直方图和纹理共生矩融合，将 Corel 自然图像库图像加入 20dB 的随机噪声，进行实验十三、实验十四、实验十五和实验十六，得到 4 条实验曲线，共同绘制于图 3-8 中形成 4 种距离度量方法的图像检索查准率性能实验对比结果。

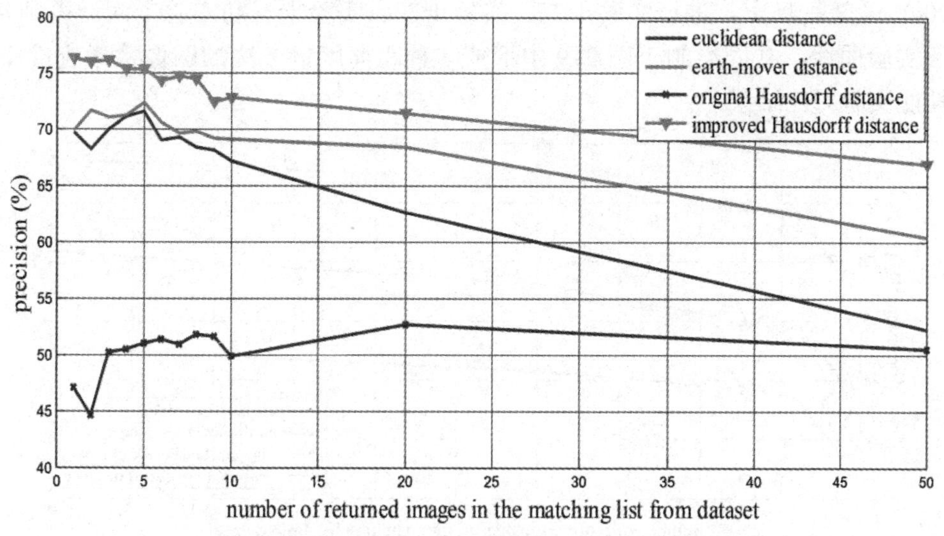


图 3-8 Corel 自然图像库的加入噪声的查准率实验对比结果

根据图 3-8 中曲线整体趋势来看，显然采用 CFHD 距离度量的图像检索查准率最高，明显高于其他三种距离度量，采用EMD距离度量和采用距离欧氏度量的两者接近，但显著高于采用豪斯多夫距离度量。根据图中实验数据曲线，选择图像检索返回图像的幅数分别为1幅、3幅和5幅的三种情况，其结果参见表3-6。

表3-6 Corel自然图像库的加入噪声的查准率定量对比（%）

| 加噪声 | Corel 自然图像库 | | |
|---|---|---|---|
| | Precision1 | Precision3 | Precision5 |
| CFHD距离 | 76.357 | 76.290 | 75.397 |
| EMD距离 | 69.915 | 71.090 | 72.354 |
| 豪斯多夫距离 | 47.113 | 50.203 | 51.034 |
| 欧氏距离 | 69.715 | 70.050 | 71.618 |

根据表3-6中实验数据，CFHD距离度量的平均查准率最高，为76.01%，明显高于其他三种距离度量的结果，仅比未加噪声时的76.73%降低0.72%。这表明基于CFHD距离度量的多特征融合具有很强的抗噪声干扰能力。

**3. 多特征度量等权重相加融合检索Kaggle cat-dog图像库噪声图像的实验结果及分析**

针对颜色直方图和纹理共生矩融合，将Kaggle cat-dog图像库图像加入20dB的随机噪声，进行实验十三、实验十四、实验十五和实验十六，得到4条实验曲线，共同绘制于图3-9中形成4种距离度量方法的图像检索查准率性能实验对比结果。

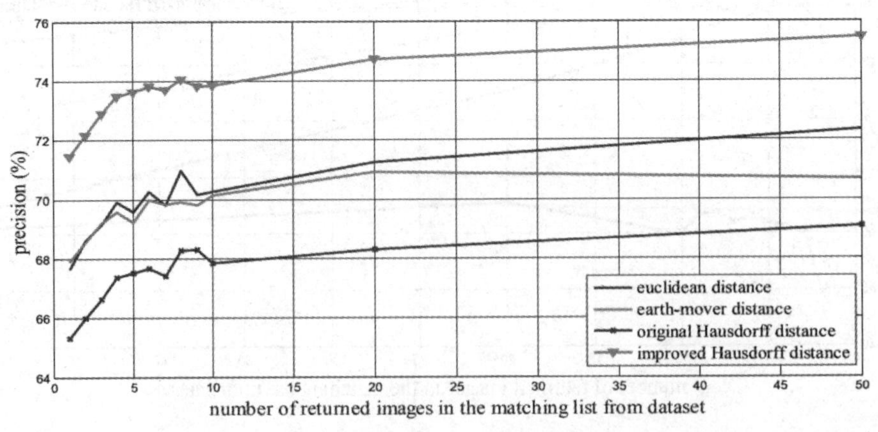


图3-9 cat-dog图像库加入噪声的查准率实验对比结果

根据图中曲线整体趋势来看，显然采用CFHD距离度量的图像检索查准

率最高，明显高于其他三种距离度量，采用 EMD 距离度量和采用距离欧氏度量的两者接近，但明显高于采用豪斯多夫距离度量。根据图中实验数据曲线，选择图像检索返回图像的幅数分别为 1 幅、3 幅和 5 幅的三种情况，其结果参见表 3-7。

表 3-7 cat-dog 图像库加入噪声的查准率定量对比（%）

| 加噪声 | cat-dog 图像库 | | |
|---|---|---|---|
| | Precision1 | Precision3 | Precision5 |
| CFHD 距离 | 71.460 | 72.885 | 73.614 |
| EMD 距离 | 67.885 | 69.196 | 69.239 |
| 豪斯多夫距离 | 65.315 | 66.632 | 67.667 |
| 欧氏距离 | 67.647 | 69.168 | 69.593 |

根据表 3-7 中实验数据，CFHD 距离度量的平均查准率最高，为 72.65%，明显高于其他三种距离度量的结果，仅比未加噪声时的 73.53% 降低 0.88%。这表明基于 CFHD 距离度量的多特征融合具有很强的抗噪声干扰能力。

## 四、多特征度量 DS 融合图像检索实验结果及其分析

### 1. 多特征度量 DS 融合检索去粗数据库的实验结果及分析

针对 Indoor-outdoor 数据库进行实验一、实验二、实验三和实验四，得到 4 条实验曲线，共同绘制于图 3-10 中形成 4 种距离度量方法的多特征 DS 融合图像检索查准率性能实验对比结果。

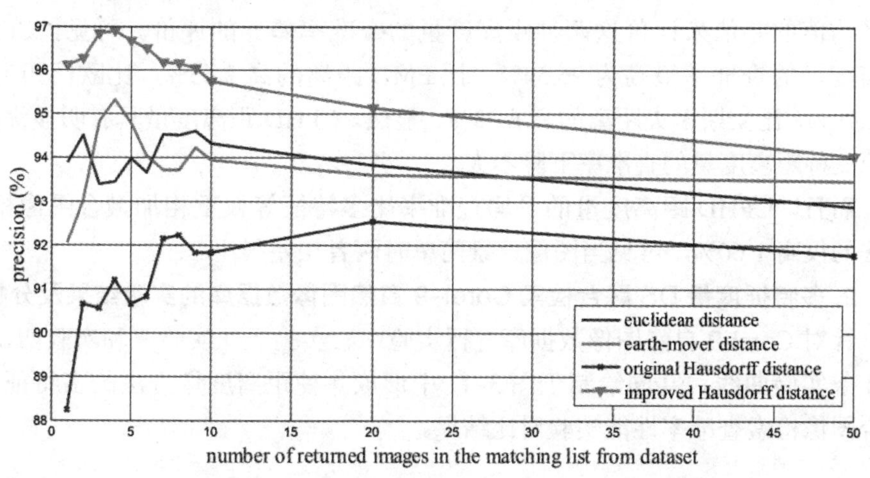


图 3-10 Indoor-outdoor 数据库加的查准率实验对比结果

根据图 3-10 中曲线整体趋势来看，显然采用 CFHD 距离度量的图像检索查准率最高，采用 EMD 距离度量和采用距离欧氏度量两者接近且有所降低，采用豪斯多夫距离度量的最低，查准率整体下降幅度比较小。为定量比较各种距离度量的图像检索查准率，选择图像检索返回图像的幅数分别为 1 幅、3 幅和 5 幅的三种情况，其结果参见表 3-8。表中，“Precision1”表示在数据库中检索后返回的图像数量是“1”的情况，“Precision3”表示在数据库中检索后返回的图像数量是“3”的情况，“Precision5”表示在数据库中检索后返回的图像数量是“5”的情况。

表 3-8 Indoor-outdoor 数据库的查准率定量对比（%）

| DS 融合 | Indoor-outdoor 数据库 | | |
|---|---|---|---|
| | Precision1 | Precision3 | Precision5 |
| CFHD 距离 | 96.116 | 96.840 | 96.677 |
| EMD 距离 | 92.054 | 94.829 | 94.786 |
| 豪斯多夫距离 | 88.230 | 90.558 | 90.664 |
| 欧氏距离 | 93.887 | 93.396 | 93.990 |

根据表 3-8 中实验数据，针对一种距离度量在三种情况下的查准率进行平均，将该平均值作为该种度量查准率的定量评价，取两种距离度量的查准率平均值的差值来评价这两种距离度量的查准率差异的评价。可见，CFHD 距离度量的查准率最高为 96.54%，比 EMD 距离的高 2.65%，比欧氏距离的高 2.79%，比豪斯多夫距离的高 6.73%。显然，CFHD 距离度量具有明显优势，其他三种距离度量的查准率下降不大。

而且，CFHD 距离度量的平均查准率比多特征等权重相加融合图像检索方法的仅高 1.60%，可见当图像背景简单时两者相差很小。

**2. 多特征度量 DS 融合检索 Corel-9 自然图像数据库的实验结果及分析**

针对 Corel-9 自然图像数据库进行实验一、实验二、实验三和实验四，得到 4 条实验曲线，共同绘制于图 3-11 中形成 4 种距离度量方法的多特征 DS 融合图像检索查准率性能实验对比结果。

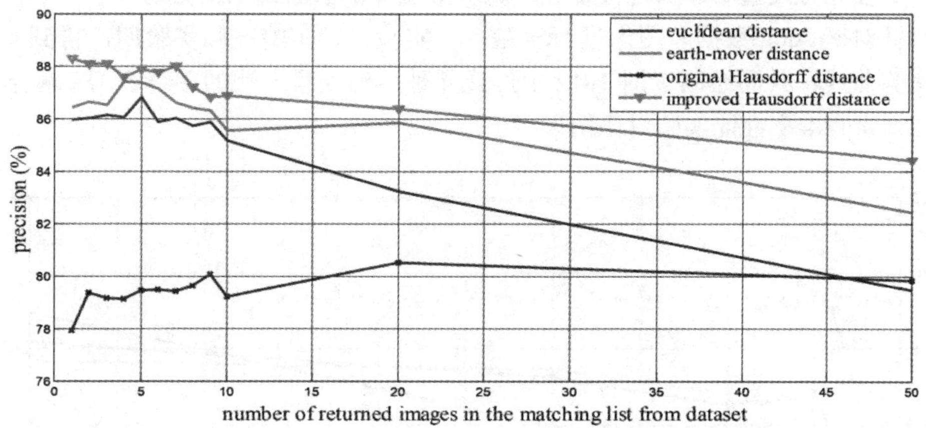


图 3-11 Corel-9 自然图像数据库的查准率实验对比结果

根据图中曲线整体趋势来看，显然采用 CFHD 距离度量的图像检索查准率最高，采用 EMD 距离度量的次之，采用距离欧氏度量的再次之，采用豪斯多夫距离度量的最低，前面三个依次下降相差不大，最后一个则显著下降。根据图中实验数据曲线，选择图像检索返回图像的幅数分别为 1 幅、3 幅和 5 幅的三种情况，其结果参见表 3-9。

表 3-9 Corel-9 自然图像数据库的查准率定量对比

| DS 融合 | Corel-9 数据库 | | |
|---|---|---|---|
| | Precision1 | Precision3 | Precision5 |
| CFHD 距离 | 88.290 | 88.078 | 87.864 |
| EMD 距离 | 86.431 | 86.590 | 87.357 |
| 豪斯多夫距离 | 77.933 | 79.155 | 79.455 |
| 欧氏距离 | 85.965 | 86.132 | 85.866 |

根据表 3-9 中实验数据，CFHD 距离度量的平均查准率最高，为 88.08%，比 EMD 距离的高 1.28%，比欧氏距离的高 2.09%，比豪斯多夫距离的高 9.23%。显然，CFHD 距离度量最具优势，前三个相对接近且远高于最后一个。另外，CFHD 距离度量的查准率比 Indoor-outdoor 数据库中的低 8.46%，差别明显，这主要是图像复杂性增加所导致的。

而且，CFHD 距离度量的查准率比多特征等权重相加融合图像检索方法的高 11.35%，可见当图像复杂时两者相差显著。

### 3. 多特征度量 DS 融合检索 cat-dog 数据库的实验结果及分析

针对 cat-dog 数据库图像进行实验一、实验二、实验三和实验四，得到 4 条实验曲线，共同绘制于图 3-12 中形成 4 种距离度量方法的多特征 DS 融合图像检索查准率性能实验对比结果。

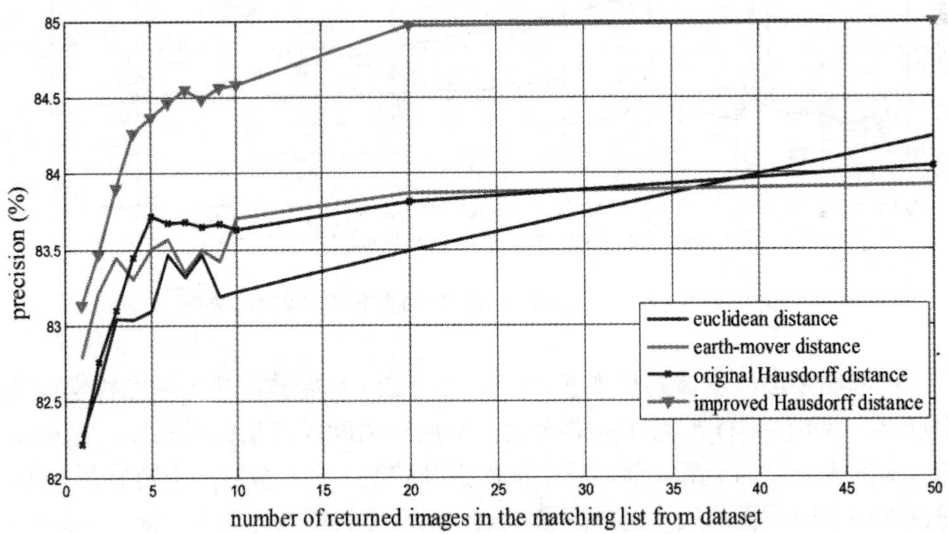


图 3-12 cat-dog 数据库的查准率实验对比结果

根据图 3-12 中曲线整体趋势来看，显然采用 CFHD 距离度量的图像检索查准率最高，采用 EMD 距离度量的次之，采用距离欧氏度量再次之，采用豪斯多夫距离度量的最低，后三者相互之间差别不大。根据图中实验数据曲线，选择图像检索返回图像的幅数分别为 1 幅、3 幅和 5 幅的三种情况，其结果参见表 3-10。

表 3-10 cat-dog 数据库的查准率定量对比（%）

| DS 融合 | cat-dog 数据库 | | |
|---|---|---|---|
| | Precision1 | Precision3 | Precision5 |
| CFHD 距离 | 83.130 | 83.900 | 84.366 |
| EMD 距离 | 82.785 | 83.445 | 83.503 |
| 豪斯多夫距离 | 82.218 | 83.099 | 83.715 |
| 欧氏距离 | 82.266 | 83.041 | 83.091 |

根据表 3-10 中实验数据，CFHD 距离度量的平均查准率最高，为

83.47%，比EMD距离的高0.56%，比欧氏距离的高1.00%，比豪斯多夫距离的高0.79%。显然，CFHD距离度量最具优势，但四种距离度量的图像检索查准率差别很小。另外，CFHD距离度量的查准率比Corel-9自然图像数据库中的低4.61%，下降幅度明显变小，可见当图像复杂性增加时图像检索查准率随之下降但下降幅度也随之减小。

而且，CFHD距离度量的查准率比多特征等权重相加融合图像检索方法的高9.94%，可见当图像复杂时两者相差非常明显。

综上所述，在多特征DS融合图像检索方法中，基于CFHD距离的图像检索取得了最好的图像检索效果，既保留了其原有优于欧氏距离的特点，又克服了豪斯多夫距离的固有缺点，而且还超越了EMD距离所达到的水平。另外，多特征DS融合图像检索方法的查准率与多特征等权重相加融合图像检索方法相比，在图像非常简单时两者相近，在图像复杂时前者远高于后者，即前者的抗干扰能力远强于后者。

# 第四章 多特征度量融合可扩展词汇树 SVT图像检索方法

大规模图像检索任务中要考虑正确率，也要兼顾时间开销。可扩展词汇树 (Scalable Vocabulary Tree, SVT) 是词袋模型 (Bag-of-Words, BOW) 的扩展，通过对局部图像特性描述子进行分层聚类生成词汇树，采用树状层级式结构存储训练图像数据库，其优点是检索精度高、速度快等。近年来，SVT 以其良好的检索效率被普遍应用于大规模图像检索领域。

目前，基于 SVT 的图像检索主要采用单一的局部特征描述子提取特征。但每一类型图像具有不同的图像特征，同一类型的不同图像间也存在特征的差异，单一的局部特征描述子难以很好地表征形态各异的图像内容。因此，在规模较大的图像检索中，单一特征描述子的 SVT 的效果并不理想。针对该问题，本章采用多个局部特征描述子，结合 CFHD 距离测度，提出一种基于可扩展词汇树 (SVT) 和 CFHD 距离的信息融合图像检索方法。

本章首先介绍基于可扩展词汇树模型的图像检索方法；其次，提出基于单一局部特征描述子和 CFHD 距离的 SVT 图像检索方法；再次，结合多个不同的局部描述子和 CFHD 距离提出基于信息融合的 SVT 图像检索方法；最后，采用多个公开数据集对提出的检索方法的可行性和高效性进行验证。

## 第一节 可扩展词汇树 SVT 模型

词袋模型是信息检索领域和自然语言处理的一种简单而常见的文档表示。该方法采用没有次序的单词来描述文字或文档，将基本特征类比为文档中的单词。2003 年，西维奇和齐瑟曼提出了基于 BOW 模型的识别方法，并取得了良好的效果。近阶段，BOW 模型在计算机视觉之中应用较广，如图像的分类、物体的识别等。

BOW 模型是目前应用最为广泛的图像检索方法之一，但对于大规模图像检索

任务，精确的查询所需要的视觉单词量大，相似性度量的时间长，检索效率不高。

可扩展词汇树是在词袋模型的基础上发展起来的一种面向大规模图像检索的方法。其采用层级式树状结构替代传统词袋的单层均值聚类产生视觉单词。词汇树的树状层级结构允许该方法采用大量视觉词汇，具有检索准确度高、速度快等特点，在大规模图像检索领域得到了广泛的应用。

## 一、局部特征描述

局部特征描述是 SVT 方法的重要环节之一，其能够影响检索的性能。大卫·罗伊在总结局部特征提取技术的基础上研究出优秀的局部特征的描述子——尺度不变特征变换（Scale Invariant Feature Transform，简称 SIFT）。SIFT 算子对图像的旋转、尺度以及光照等变化不敏感，具有很强的稳定性和可区分性，近年来，被广泛应用在物体的识别等计算机视觉的各个方面。

基于关键点的 SIFT（Keypoint SIFT）或稀疏 SIFT（Sparse SIFT）图像局部特征描述子是目前最流行的局部特征描述子之一。SIFT 算法主要包括以下五个步骤。

### 1. 构建尺度空间

图像的尺度空间表示是图像在所有尺度下的描述，高斯卷积是表现尺度空间的一种形式。将原始图像 $I(x,y)$ 与二维高斯函数 $G(x,y,\sigma)$ 进行卷积运算可得到图像的尺度空间 $L(x,y,\sigma)$：

$$L(x,y,\sigma)=G(x,y,\sigma)*I(x,y) \tag{4-1}$$

二维空间高斯函数：

$$G(x_i,y_i,\sigma)=\frac{1}{2\pi\sigma^2}\cdot\exp\left[-\frac{(x-x_i)^2+(y-y_i)^2}{2\sigma^2}\right] \tag{4-2}$$

$(x,y)$为空间坐标，$\sigma$ 表示尺度。SIFT 算法利用高斯差分 DoG 金字塔在尺度空间有效地检测关键点，在某一尺度上，通过对两个相邻高斯尺度空间的相减，得到 DoG 的响应值图像 $D(x,y,\sigma)$并进行局部最大值搜索，在空间位置和尺度空间上定位局部特征点。

### 2. 检测 DoG 尺度空间极值点

为了寻找尺度空间的极值点，每一个像素点和所有的相邻点进行比较，当大于（或小于）图像空间和尺度空间的所有相邻点时，为极值点。比较范围为 3×3 的立方体，并确保在二维图像空间和尺度空间都检测到极值点。

### 3. 极值点精确定位

通过对尺度空间 DoG 函数进行曲线拟合以精确确定关键点的位置和尺度，

同时去除低对比度的关键点和不稳定的边缘响应点，增强匹配稳定性，提高抗噪声性能。

4. 方向赋值

为了实现图像旋转不变性，利用关键点领域像素的梯度直方图的分布特性进行方向赋值。首先计算每个关键点邻域高斯图像的梯度，利用直方图进行邻域像素梯度方向和模值的统计。$(x,y)$处梯度的模值和方向的公式如下所示，$L$ 所用的尺度 $\sigma$ 为关键点所在的尺度：

$$m(x,y)=\sqrt{(L(x+1,y)-L(x-1,y))^2+(L(x,y+1)-L(x,y-1))^2} \quad (4\text{-}3)$$

$$\theta(x,y)=\alpha\tan 2((L(x+1,y)-L(x-1,y))/(L(x,y+1)-L(x,y-1))) \quad (4\text{-}4)$$

梯度方向直方图的横轴是梯度方向角，纵轴是梯度方向角对应的梯度模值累加，直方图的峰值是该关键点邻域梯度的主方向。每个关键点包括位置、尺度、方向三个信息，确定一个 SIFT 特征区域。一般使用带箭头的圆或直接使用箭头表示关键点的特征区域，中心表示关键点位置，半径表示尺度，箭头表示主方向。

5. 关键点描述

为确保旋转不变性，以特征点为中心，将坐标轴旋转为关键点的主方向。在关键点周围取 16×16 的邻域，并划分为 4×4 的子区域，在每个子区域计算梯度直方图。梯度直方图横轴为 8 个方向区间，纵轴是每个方向梯度的模值累加，形成一个具有 8 个方向梯度强度信息的种子点。每个关键点采用 4×4 个种子点，形成 128 维的特征向量。此时 SIFT 特征向量具有尺度、旋转不变性，将特征向量进行归一化，去除光照变化的影响。

为适应计算机视觉的不同任务，降低稀疏 SIFT 描述子的计算成本，研究人员提出采用规则图像块代替稀疏 SIFT 方法中的关键点检测步骤，称为稠密 SIFT 或密集采样 SIFT（dense SIFT，DSIFT）描述子。研究表明，稀疏 SIFT 描述子在一般的目标识别任务中效果较好，而在一些应用领域中稠密 SIFT 描述子的性能优于稀疏 SIFT 描述子。在检索领域，文献表明稠密 SIFT 描述子的性能也优于稀疏 SIFT 描述子。因此，本章主要采用稠密 SIFT 描述子作为图像局部特征描述方法。

DAISY 描述子是另一个常用的可进行快速计算的图像局部特征描述子。DAISY 描述子与 SIFT 描述子本质上相同，均采用的是对图像块的梯度方向直方图进行统计的思想，所不同的是 DAISY 描述子采用高斯卷积实现梯度方向直方图的分块汇聚。由于高斯卷积可实现快速运算，加快了 DAISY 描述子的运算速度，从而能够实现稠密特征提取和描述。在一般的计算机视觉任务

中，DAISY 描述子的性能几乎与稠密 SIFT 描述子相当，但在某些应用领域中 SIFT 描述子仍然优于 DAISY 描述子。

## 二、视觉词典构造

图像的特征可由局部特征向量集（近似于文档中的单词集合）进行描述。词袋模型利用局部特征描述向量构建视觉词典，提取图像的关键特征（类似于提取单词集合中的主词）。相比于传统的词袋模型方法采用单层聚类构建视觉词典，可扩展词汇树 SVT 采用分层聚类的思想构建视觉词典（词汇树）。令词汇树的分支因子（子节点数量）为 $K$，树的深度（层数）为 $L$，词汇树构建过程如下。

第一层：对所有训练的局部特征描述向量集 $X=\{x_1,x_2,\cdots\cdots,x_i\}$ 聚类，从而将局部特征描述向量集 $X$ 划分为 $K$ 个区域，所有的区域包含若干个局部描述向量 $X_i\subset X$，且各个区域有一个聚类中心，得到 $K$ 个聚类中心。

第二层：利用聚类方法对每个区域的局部特征描述向量集 $F_i$ 聚类，得出该区域的 $K$ 个子区域划分，获得 $K\times K$ 个聚类中心。

第 $L$ 层：重复第二层，直到达到指定的树深度 $L$，或某一区域的局部特征描述向量数小于分支因子 $K$，则词汇树构建完成；词汇树包含 $C$ 个视觉单词，$C=\sum_{l=1}^{L}K^l=\dfrac{K^{L+1}-K}{K-1}\approx K^L$。

分支因子 $K=3$，树深度 $L=2$ 的词汇树 $T$ 的构建示意图如图 4-1 所示，不同大小的圆点为聚类的中心，代表不同的树节点（视觉单词）。

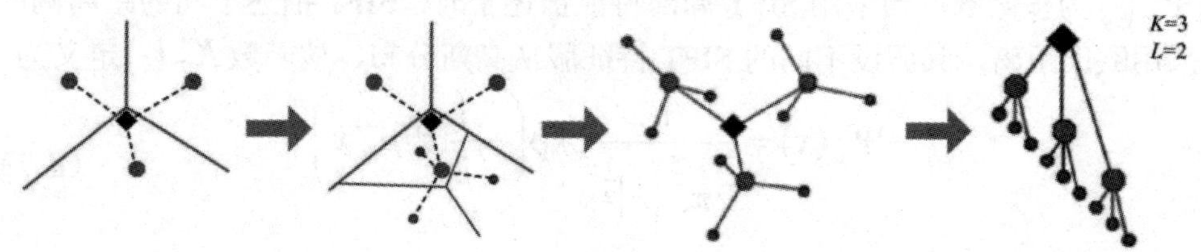


图 4-1 词汇树构建示意图

## 三、特征编码

视觉词典中的单词与若干个局部特征描述向量有关，因此可用视觉词典来描述图像。将每个局部的特征描述向量用与其最邻近的视觉单词表示，通过计算各单词的频率获得固定长度的编码向量，该过程称为特征编码，得到的编码向量称为图像特征直方图（或称为图像标签）。基于欧氏距离的直方图统计法和基于核函数的核密度估计法是两种广泛应用的特征编码方法。

传统的视觉词典模型采用欧氏距离的直方图统计法对视觉的单词次数进行统计，得出特征直方图：

$$H(c)=\frac{1}{N}\sum_{i=1}^{N}I\left(c=\arg\min_{w}\left(D\left(w,v_i\right)\right)\right)_{w\in T} \tag{4-5}$$

其中，$v_i$ 是关键点或图像块的局部特征描述向量，$N$ 是局部特征描述向量的数量，$D$ 为欧氏距离，$I$ 是恒等函数。该方法采用欧氏距离作为局部的特征描述向量与视觉单词的度量，将局部特征描述向量量化到与其最邻近的视觉单词上，通过计算，表示图像的视觉单词的数量获得图像标签，为 $H=\left[h_1,h_2,\cdots,h_c\right]$，其中 $C$ 为视觉单词数量。该方法因简单直观等优点得到了广泛的应用。

基于核函数的核密度估计法（kernel density estimation，KDE）是另一种特征空间分布情况估计法。KDE 采用核函数平滑数据样本的局部邻域，与直方图方法相比，KDE 方法具有以下优势：① KED 方法属于非参数检验方法，为建模多样化的数据集的特征分布提供了足够的灵活性；② KED 方法的平滑参数可自适应调节，从而使得该方法对描述子的微小变化和尺度归一化的缺陷不敏感；③当 KDE 与快速高斯变换（FGT）耦合时，仍能非常有效地计算描述子。采用核函数 Ψ 的核密度估计可表示为：

$$f(c)=\frac{1}{N}\sum_{i=1}^{N}\Psi_P\left(v_i-c\right) \tag{4-6}$$

其中，$P$ 为平滑参数，称作带宽 (bandwidth) 或窗口，$c$ 为视觉单词；$\Psi_P\left(\cdot\right)$ 为核函数。当采用 SIFT 局部特征描述子时，SIFT 描述子间的距离测度采用欧氏距离，其假设不同的 SIFT 特征服从高斯分布，核函数 $K_P\left(\cdot\right)$ 定义为：

$$\Psi_p(x)=\frac{1}{2\pi^{\frac{m}{2}}\left|P\right|^{\frac{1}{2}}}\exp\left(-\frac{1}{2}x^T p^{-1}x\right) \tag{4-7}$$

其中 $m$ 是描述子的维数，带宽参数矩阵 $P\in R^{m\times m}$ 表示数据源的不确定性程度，控制了 KDE 的平滑程度。本章采用交叉校验法优化公式的参数。

给定一幅图，利用视觉词典对特征进行编码的具体流程是：首先，采用图像特征提取和描述方法获得局部特征的描述向量集 $X=\left\{x_i\right\},i\in N$，$N$ 为局部的特征描述向量的数量；然后，遍历词汇树中的每一个节点，计算每个局部特征描述向量 $x_i$ 在该节点的核密度 $f\left(c\right)$，形成核密度向量 $F\left(x_i\right)=\left\{f\left(c_j\right)\right\}_{j=1}^{C}$；最后，对所有的局部特征描述向量的核密度进行统计，从而获得该图像的图像特征直方图表示为 $F=\left[f(c1),f(c2),\cdots,f(c_{K^L})\right]$，

$K^L$ 为词汇树中视觉单词的数量。

在本章中，$M$ 幅数据库图像和查询的图像 $q$ 的标签分别定义为：基于稀疏 SIFT 描述子的直方图法 $\left\{\left\{H_{d_m}\right\}_{m=1}^{M}, H_q\right\}$，基于稠密 DAISY 描述子的核密度估计法 $\left\{\left\{F_{d_m}\right\}_{m=1}^{M}, F_q\right\}$，基于稠密 SIFT 描述子的直方图法 $\left\{\left\{G_{d_m}\right\}_{m=1}^{M}, G_q\right\}$。图像标签 $H_q$、$F_q$ 和 $G_q$ 是 $K^L$ 维向量，$K^L$ 的取值通常为 $10^4 \sim 10^6$。

**四、图像匹配**

通过特征编码，分别获得了数据库图像和查询图像的特征直方图即标签。计算查询的图像 $q$ 和数据库 $\left\{d_m\right\}_{m=1}^{M}$ 标签的相似度，并对其排序，可获得匹配列表，相似性 $sim\left(q, d_m\right)$ 定义为：

$$sim\left(H_q, H_{d^m}\right) = 1 - \left\|\frac{H_q \cdot w}{\left\|H_q \cdot w\right\|} - \frac{H_{d^m} \cdot w}{\left\|H_{d^m} \cdot w\right\|}\right\| \tag{4-8}$$

式子中 $w = \left[w_1, w_2, \cdots, w_c\right], w_i = \ln\frac{M}{M_i}$ 为词汇树中视觉单词 $T_i$ 的权重因子，$M_i$ 为包含词汇 $T_i$ 的图像数量，$M$ 为数据库中图像的数量。

给定一个查询图像 $q$，可扩展词汇树 SVT 模型仅计算与词汇树中用于表示查询图像的视觉单词相关联的数据库图像的相似度，从而提高了检索效率。本章中相似性 $sim\left(H_q, H_{d^m}\right)$，$m = 1, 2, 3, \cdots, M$ 用 Sigmoid 函数（$S$ 型函数）进行归一化以增强高相似图像的相似度：

$$p_m = \frac{1}{1 + e^{-\alpha\, sim_m}} \tag{4-9}$$

其中 $\alpha$ 是缩放参数，本章采用交叉校验法优化参数取值。

## 第二节　基于 CFHD 距离的 SVT 图像检索方法

传统的 SVT 图像检索方法利用单一特征描述子获得特征直方图，采用欧氏距离作为查询图像与数据库图像的距离度量。本章提出基于核密度信息与 CFHD 距离度量的 SVT 图像检索方法，示意图如图 4-2 所示，包含离线训练和在线检索两个阶段。具体过程如下。

**1. 离线训练阶段**

首先，提取图像数据库的所有图像的局部特征，利用局部特征描述子对图像的局部特征进行描述如 SIFT，获得图像的局部特征描述向量；其次，对局部的特征描述向量集分层聚类，获得视觉词典；然后，采用基于欧氏距离的直方图或基于核函数的核密度估计法对局部特征描述向量进行特征编码，得到每一幅图像的图像特征直方图即图像标签。

**2. 查询检索阶段**

采用与训练阶段相同的处理步骤，获得查询图像的图像标签，利用鲁棒 Hasdorff 距离计算查询图像的图像标签与数据库图像的图像标签的相似度，获得查询列表，并对其排序，选择相似度最高的作为查询结果的输出，得到检索结果。

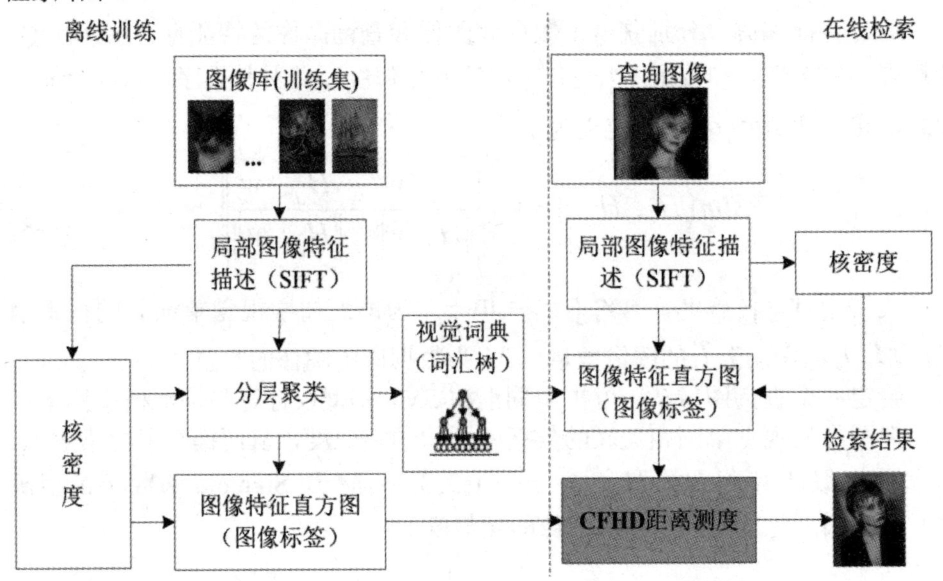


**图 4-2 基于 CFHD 距离的 SVT 图像检索方法示意图**

## 第三节 基于信息融合的 SVT 图像检索方法

针对大规模图像检索中采用单一局部图像特征描述子存在的检索能力差的问题，提出基于信息融合的图像检索方案，示意图如图 4-3 所示。首先，采用多个不同种类的局部图像特征描述子获得图像局部的特征描述向量；其次，利用预先训练得到的视觉词典对局部特征描述向量进行特征编码，得到查询图像的图像标签；采用匹配方法，计算其与数据库图像的相似度，获得结果列表；最后，构建查询结果融合模型，采用一定的融合规则对不同局部图像特征描述子的检索结果进行融合，得到查询图像的最终

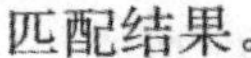

匹配结果。

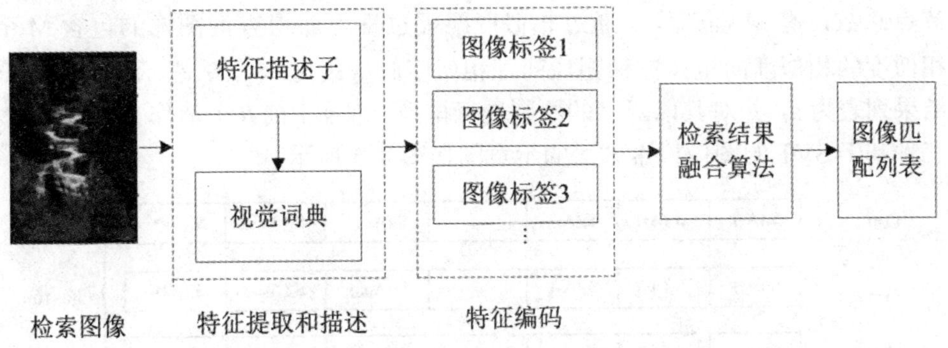


**图 4–3　基于信息融合的图像检索方法示意图**

为了验证本章的信息融合方案的可行性和有效性，本章采用三种基于 SVT 的检索方法：①基于稠密 SIFT 描述子的直方图特征编码 SVT 方法；②基于稠密 SIFT 描述子的核密度特征编码 SVT 方法；③基于稠密 DAISY 描述子的直方图特征编码 SVT 方法。融合检索方法示意图如图 4–4 所示，图像局部特征描述、视觉词典构造、特征编码与图像匹配方法如上一节所述。

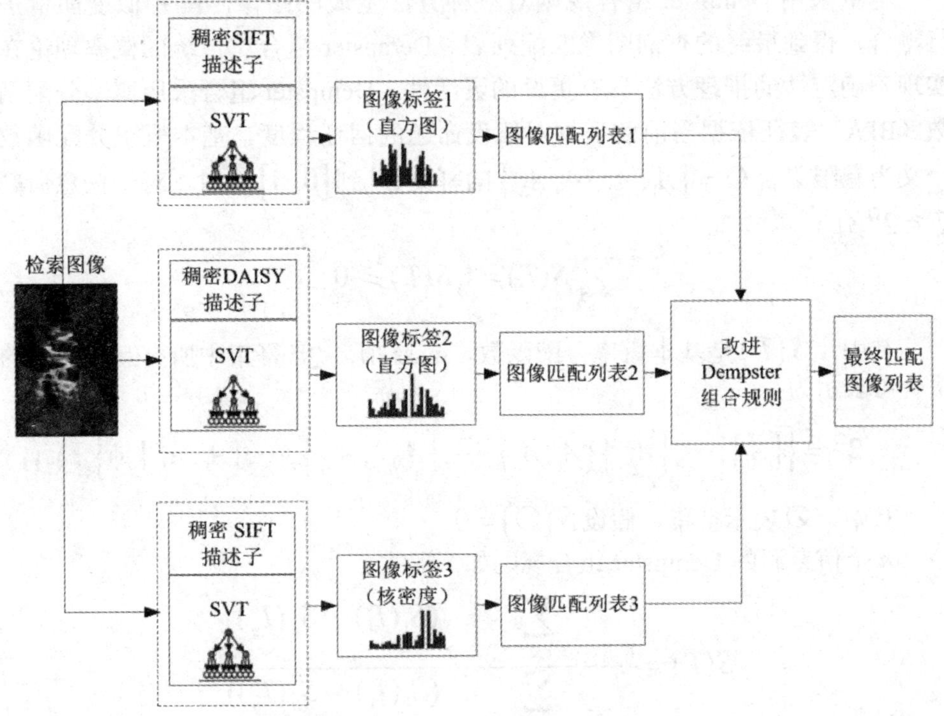


**图 4–4　融合检索方法示意图**

假设可扩展词汇树中某一节点为$T_i, i=1,2,\cdots,K^L$，其中$K^L$为词汇树中节点总数，有M幅图像。通过相似度匹配过程可获得查询图像的包含M个相似度的相似度向量，三种图像匹配相似度向量用$s_1$，$s_2$，$s_3$表示，最终融合结果列表为s，并对其以降序的原则进行排列，取s中前$n$个值作为查询结果。三种基于SVT的图像检索方法的示意图如图4-5所示。

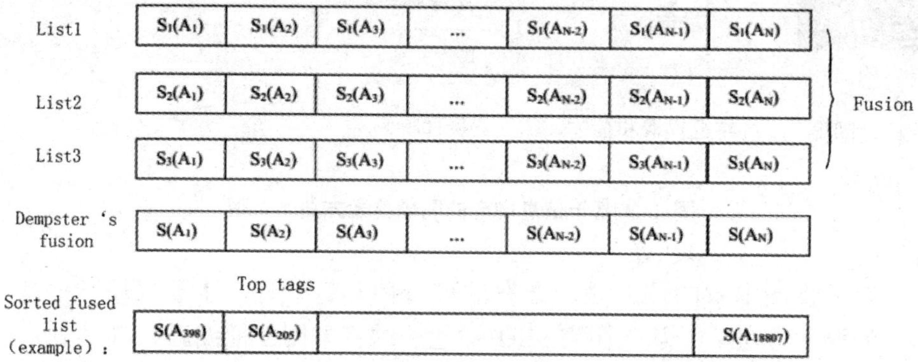

| | | | | | | | | |
|---|---|---|---|---|---|---|---|---|
| List1 | $S_1(A_1)$ | $S_1(A_2)$ | $S_1(A_3)$ | ... | $S_1(A_{N-2})$ | $S_1(A_{N-1})$ | $S_1(A_N)$ | Fusion |
| List2 | $S_2(A_1)$ | $S_2(A_2)$ | $S_2(A_3)$ | ... | $S_2(A_{N-2})$ | $S_2(A_{N-1})$ | $S_2(A_N)$ | |
| List3 | $S_3(A_1)$ | $S_3(A_2)$ | $S_3(A_3)$ | ... | $S_3(A_{N-2})$ | $S_3(A_{N-1})$ | $S_3(A_N)$ | |
| Dempster 's fusion | $S(A_1)$ | $S(A_2)$ | $S(A_3)$ | ... | $S(A_{N-2})$ | $S(A_{N-1})$ | $S(A_N)$ | |
| | Top tags | | | | | | | |
| Sorted fused list (example)： | $S(A_{398})$ | $S(A_{205})$ | | | | | $S(A_{18807})$ | |

图4-5 信息融合过程示意图

本章采用Dempster组合规则对三种方法生成的图像匹配相似度向量进行融合，得到最终的查询图像匹配列表。Dempster组合比传统的概率理论在实现不确定性的推理方法具有更好的灵活性。Dempster组合采用概率分配函数（BPA）表征依据当前的证据对假设命题的信任程度。基本概率分配函数定义为有限集合$\Omega=\{A_1,A_2,\cdots,A_N\}$的幂集$2^\Omega$到$[0,1]$映射，对于任意命题$T\in 2^\Omega$有：

$$\sum_{T\in 2^\Omega} S(T)=1, S(T)\geqslant 0 \tag{4-10}$$

其中，$S(T)$是基本概率分配函数，mass值。$2^\Omega$幂集中所有互斥元素的集合可表示为：

$$2^\Omega=\{\{A_1\},\cdots,\{A_{N_t}\}\{A_1,A_2\},\cdots,\{A_{N_{t-1}},A_{N_t}\},\cdots,\{A_1,A_N\},\phi\} \tag{4-11}$$

其中，$\varnothing$表示空集，假设$S(\varnothing)=0$。

$n$个信息源的Dempster组合规则如下形式：

$$S(T)=\frac{\sum\limits_{T_1,T_2,\cdots,T_n\subset 2^\Omega \cap_{i=1}^n T_i=T}(S_1(T_1)\cdots S_n(T_n))}{\sum\limits_{T_1,T_2,\cdots,T_n\subset 2^\Omega \cap_{i=1}^n T_i=\phi}(S_1(T_1)\cdots S_n(T_n))} \tag{4-12}$$

本章中采用了三个局部特征描述和特征编码方法，故有 3 个信息源，联合基本概率可表示为：

$$S(T)=\sum_{T_1,T_2,T_3\subset 2^{\Omega},T_1\cap T_2\cap T_3=T\neq\varnothing}\frac{S_1(T_1)\cdot S_2(T_2)\cdot S_3(T_3)}{1-M} \tag{4-13}$$

其中 $M=\sum_{T_1\cap T_2\cap T_3=\phi} S_1(T_1)\cdot S_2(T_2)\cdot S_3(T_3)$ 是归一化常数。

采用传统的 Dempster 组合规则，基本概率分配函数需要估计 $2^N$ 个元素，计算复杂度为 $O\left(2^N\right)$，这在实际应用是难以实现的。为满足图像检索的快速响应要求，本章不直接使用 Dempster 组合规则，而采用在线处理的方式，即将原来 $2^{\Omega}$ 幂集中的基本概率分配函数划分成多个小的子集，称为化简集 $R$：

$$R=\left\{\left\{A_1\right\},\cdots,\left\{A_{N_t}\right\}\left\{A_1,A_2\right\},\cdots,\left\{A_{N_{t-1}},A_{N_t}\right\},\Phi\right\} \tag{4-14}$$

其中，$\Phi$ 是 $2^{\Omega}$ 上的一个子集，包含两个以上 SVT 词汇树节点。简化集　具有 $N^2+1$ 个元素，计算的复杂度为 $O\left(N^2\right)$。由于词汇树中其总数为 $N=K^L$，所以计算成本将大大减少。如下是简化集 $R$ 的基本概率分配函数的表示方式：

$$S(T)=\sum_{T_1,T_2,T_3\subset P,T_1\cap T_2\cap T_3=T\neq\varnothing}\frac{S_1(T_1)\cdot S_2(T_2)\cdot S_3(T_3)}{1-M} \tag{4-15}$$

其中，$M=\sum_{T_1\cap T_2\cap T_3=\phi} S_1(T_1)\cdot S_2(T_2)\cdot S_3(T_3)$；简化集 $R$ 的每个元素对应每个信号源，其基本概率分配函数可表示为：

$$S_t(A_i)=S_t\left(\left\{A_i,A_i,A_i\right\}\right)=m_t\left(\left\{A_i\right\}\right)^3 \tag{4-16}$$

$$S_t\left(\left\{A_i,A_j,A_k\right\}\right)=m_t\left(\left\{A_i\right\}\right)\cdot m_t\left(\left\{A_j\right\}\right)\cdot m_t\left(\left\{A_k\right\}\right) \tag{4-17}$$

其中 $A_i\subset\Omega$，$t=1,\ 2,\ 3$。虽然 $S(\Phi)$ 在幂集 $2^{\Omega}$ 中可以忽略不计，但在实际中常被设定为 0.15。

对于任意的 $T_t\subset P$，可根据公式 (4-16) 和 (4-17) 估计出 $S_1(T_t),S_2(T_t),S_3(T_t)$；根据公式 (4-15) 计算出 $S(A_i),A_i\subset\Omega$；对 $S(A_i)$ 进行降序排列得到检索结果。

本章提出的基于多图像特征描述子与鲁棒豪斯多夫距离测度的信息融合图像检索算法如算法 1 所示。

| 算法 1 基于 SVT 和鲁棒豪斯多夫距离的信息融合图像检索算法 |
| --- |
| **输入：**<br>查询图像 $q$；图像数据库及其图像标签；视觉词典 $T$<br>**输出：**<br>查询结果图像 |
| **重复：**<br>（1）提取查询的局部特征，得到描述向量集；<br>（2）采用视觉词典对局部特征描述向量集特征编码，产生查询特征直方图（图像标签）；<br>（3）采用提出的 CFHD 距离计算数据库图像标签与查询图像标签的相似度，获得图像匹配相似度列表；<br>**融合：**<br>采用本节的融合算法对每个图像匹配相似度列表进行融合，并对融合结果进行降序排列，得到最终的图像匹配列表。 |

# 第四节 实验结果与分析

## 一、测试数据库

### 1.Oxford Building—11 数据集 (Oxford Buildings Dataset)

牛津建筑物数据集包含 5062 张来自雅虎旗下图片分享网站 Flickr 的牛津地标图片，由英国牛津大学 Visual Geometry Group(VGG) 小组公布。该数据集的图片被手工标注成 11 个不同的地标，每个地标有 5 张查询图片。由于图片中存在遮挡和杂乱背景，因此该数据集为评估图像检索算法的性能提供了一个很好的基准。部分图像样例如图 4–6 所示，典型的牛津地标包括“牛津大学万灵学院”和“牛津大学基督教堂”等。

图 4–6 牛津建筑物数据集的样本图像

**2.Corel 自然图像数据集**

本章中使用的自然景观图像来自 Corel—48 数据集，共 4798 张图像，涵盖多个主题。图像数据集以 7∶3 的比例，随机分为测试集和训练集，部分图像样例如图 4-7 所示。

图 4-7 Corel—48 数据集的样本图像

**3. PKU 地标数据集**

从 MPEG CDV 标准视频中获得代表北京大学校园的 198 个地标位置的 13179 张场景图片。PKU 地标数据库的样例图像如图 4-8 所示。整个图像数据集以 1∶1 的比例，随机分为测试集和训练集。

图 4-8 PKU 地标—198 数据集的样本图像

## 二、实验设置

密集 SIFT 描述子的参数设置：图像块大小设置为 16×16 像素，块与块间的间隔设置为 8 个像素。DAISY 描述子的参数设置，具体如下：半径 $R$=15，半径量化水平 $Q$=3，角度量化水平 $T$=8，直方图量化水平 $H$=8。在 SVT 方法中，词汇树的分支因子设置为 $K$=10，深度因子设置为 $L$=6，该参数在大规模图像检索中具有较好的检索性能。查询和数据库图像的 SVT 直方图匹配采用直方图交叉核方法。分类器采用“一对多”支持向量机分类算法。所有训练和测试图像分辨率调整为 640×480。

采用 10 次交叉校验优化公式 (4-7) 和 (4-9) 的参数。将训练的数据集粗略地划成 10 等份，9 份当作训练的数据用于拟合参数，剩余 1 份当作测试的数据集，验证算法的检索准确度。重复该过程，并将 10 次准确度的平均值当作做检索精度。在优化公式 (4-7) 的参数时，为了减少计算成本，令带宽参数矩阵中的对角元素都相同而非对角线元素为零。在本章所有实验中，公式 (4-9) 的参数 $\alpha$ 设置为 10。

为了评估检索的基本性能，运用两种评价对其进行评定：检索率和查准率。检索率定义为当查询图像属于前 $n$ 个检索返回图像类别之一时视为检索正确。对于每个查询图像，将检索系统生成的最终匹配图像列表与数据库中的匹配列表进行比较。实验环境与第二章第三节相同。

## 三、性能分析

为了评估本章提出算法的可行性和有效性，本章在三个不同的数据集上对比分析了四种基于稠密 SIFT 描述子的 SVT 框架的图像检索方法：(a) 基于直方图特征编码与欧氏距离的相似性度量的检索方法；(b) 基于核密度特征编码与欧氏距离的相似性度量的检索方法；(c) 基于直方图特征编码与 CFHD 距离度量的检索方法；(d) 基于核密度特征编码与 CFHD 距离度量的检索方法。

Oxford Building—11 数据库、Corel—48 数据库和 PKU 数据库中检索的前 $n$ 个的比较结果如表 4-1、表 4-2 和表 4-3 所示。从表中可以看出，本章提出基于核密度和 CFHD 距离的 SVT 检索方法取得了最好的检索效果。

为了评估提出的信息融合检索方案的性能，本章采用基于核密度特征编码与 CFHD 距离测度的 SVT 方法，分别采用三种不同的局部特征描述子及编码方案产生图像标签，从而得到三组图像匹配列表。采用 Dempster 组合规则

融合三组匹配列表，获得最终的检索结果。三种局部特征描述子及编码方法如下：①稠密 SIFT 描述子的直方图编码；②稠密 SIFT 描述子的核密度编码；③稠密 DAISY 描述子的直方图编码。Oxford Building—11 数据库、Corel—48 数据库和 PKU 数据库的检索结果如表 4-4、表 4-5 和表 4-6 所示。从表中可以看出：对于直方图编码方案，稠密 DAISY 描述子与稠密 SIFT 描述子在三个数据集中的性能较为接近，后者比前者的检索效果略好；稠密 SIFT 描述子结合 CFHD 距离测度产生的检索性能优于采用相同描述子的直方图编码方案。本章提出的信息融合方法获得了最好的结果，其性能高于任何采用单一图像的特征描述子的方法。

**表 4-1 不同 SVT 方法在 Oxford Building—11 数据库的性能比较**

| 检索方法 | 特征描述 | 图像匹配 | 图像匹配 | Top1 | Top3 | Top5 |
|---|---|---|---|---|---|---|
| (a) | 稠密 SIFT | 直方图 | 欧氏距离 | 0.697 | 0.776 | 0.788 |
| (b) | 稠密 SIFT | 核密度 | 欧氏距离 | 0.739 | 0.798 | 0.802 |
| (c) | 稠密 SIFT | 直方图 | CFHD 距离 | 0.733 | 0.807 | 0.821 |
| (d) | 稠密 SIFT | 核密度 | CFHD 距离 | 0.747 | 0.821 | 0.834 |

**表 4-2 不同 SVT 方法在 Corel—48 数据库的性能比较**

| 检索方法 | 特征描述 | 图像匹配 | 图像匹配 | Top1 | Top3 | Top5 |
|---|---|---|---|---|---|---|
| (a) | 稠密 SIFT | 直方图 | 欧氏距离 | 0.603 | 0.680 | 0.698 |
| (b) | 稠密 SIFT | 核密度 | 欧氏距离 | 0.627 | 0.702 | 0.721 |
| (c) | 稠密 SIFT | 直方图 | CFHD 距离 | 0.640 | 0.718 | 0.735 |
| (d) | 稠密 SIFT | 核密度 | CFHD 距离 | 0.662 | 0.739 | 0.752 |

**表 4-3 不同 SVT 方法在 PKU 数据库的性能比较**

| 检索方法 | 特征描述 | 图像匹配 | 图像匹配 | Top1 | Top3 | Top5 |
|---|---|---|---|---|---|---|
| (a) | 稠密 SIFT | 直方图 | 欧氏距离 | 0.551 | 0.634 | 0.652 |
| (b) | 稠密 SIFT | 核密度 | 欧氏距离 | 0.579 | 0.649 | 0.671 |
| (c) | 稠密 SIFT | 直方图 | CFHD 距离 | 0.595 | 0.670 | 0.691 |
| (d) | 稠密 SIFT | 核密度 | CFHD 距离 | 0.616 | 0.698 | 0.715 |

在三个数据库中，PKU 数据库的图像类别和图像数量多，部分图像间具有相似性，因此 PKU 的检索性能最低；Oxford—11 数据库的图像数量较少，但由于图像的角度和尺度的变化很小，因而图像的检索性能也相对较低；Corel—48 数据库是中等规模数据库，在三个数据库中取得了最好的检索效果。

**表 4-4 不同局部特征描述子在 Oxford Building—11 数据库的性能比较**

| 方案 | 特征描述 | 图像匹配 | 图像匹配 | Top1 | Top3 | Top5 |
|---|---|---|---|---|---|---|
| (a) | 稠密 SIFT | 直方图 | CFHD 距离 | 0.733 | 0.807 | 0.821 |
| (b) | 稠密 SIFT | 核密度 | CFHD 距离 | 0.747 | 0.821 | 0.834 |
| (c) | 稠密 DAISY | 直方图 | CFHD 距离 | 0.728 | 0.795 | 0.819 |
| (d) | 融合结果 | | | 0.864 | 0.928 | 0.945 |

**表 4-5 不同局部特征描述子在 Corel—48 数据库的性能比较**

| 方案 | 特征描述 | 图像匹配 | 图像匹配 | Top1 | Top3 | Top5 |
|---|---|---|---|---|---|---|
| (a) | 稠密 SIFT | 直方图 | CFHD 距离 | 0.640 | 0.718 | 0.735 |
| (b) | 稠密 SIFT | 核密度 | CFHD 距离 | 0.662 | 0.739 | 0.752 |
| (c) | 稠密 DAISY | 直方图 | CFHD 距离 | 0.642 | 0.717 | 0.733 |
| (d) | 融合结果 | | | 0.791 | 0.870 | 0.895 |

**表 4-6 不同局部特征描述子在 PKU 数据库的性能比较**

| 方案 | 特征描述 | 图像匹配 | 图像匹配 | Top1 | Top3 | Top5 |
|---|---|---|---|---|---|---|
| (a) | 稠密 SIFT | 直方图 | CFHD 距离 | 0.595 | 0.670 | 0.691 |
| (b) | 稠密 SIFT | 核密度 | CFHD 距离 | 0.616 | 0.698 | 0.715 |
| (c) | 稠密 DAISY | 直方图 | CFHD 距离 | 0.596 | 0.669 | 0.687 |
| (d) | 融合结果 | | | 0.743 | 0.713 | 0.838 |

为进一步评估本章提出方法的检索性能，分别在 Oxford Building—11、Corel—48 和 PKU 数据库上对比了不同的图像检索方法，以图像的查准率作为评价图像检索性能的量化指标。采用的对比方法如下：传统 BOW-

SVM 方法、视觉单词不确定（BOW-UNC）方法、Bosch's hybrid pLSA-SVM 方法、传统 SVT 方法（baseline SVT）、SVT-Earthmover 方法、改进的 SVT- 豪斯多夫方法（SVT-Hausdorff）和 SVT-DS 融合方法（SVT-DS-fusion）。SVT-Earthmover 采用陆地移动距离 (Earth mover's distance，EMD) 作为相似性测度。

Oxford—11 数据库的图像检索的查准率对比如图 4-9 所示。从图中可以看出，SVT 框架的性能优于 BOW 框架的图像检索方法；BOW-UNC 和 pLSA-SVM 方法优于传统的 BOW-SVM 方法；基于 SVT 框架的图像检索方法的性能由低到高依次为：传统 SVT 方法、SVT-Hausdorff 方法和 SVT-DS 融合方法。

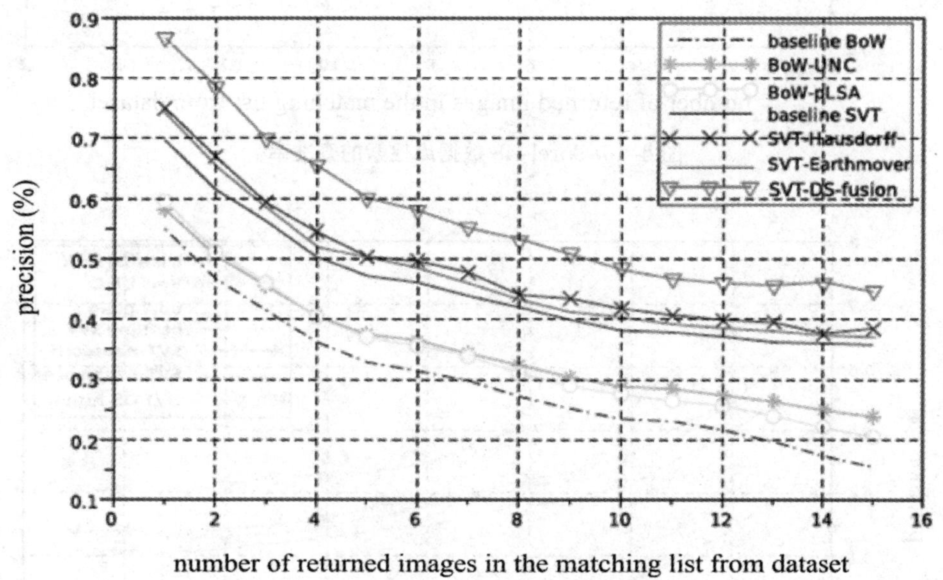


图 4-9 Oxford—11 数据库检索的查准率

Corel—48 和 PKU 数据库下的不同图像检索方法的查准率对比如图 4-10 和 4-11 所示。从图中能够得到，本章提出的信息融合方法，在这两个数据库下的查准率比传统的 SVT 方法提高了 15%。

图 4-9、图 4-10 和图 4-11 的对比结果显示，本章提出的 CFHD 距离图像检索方法的查准率比传统 SVT 方法提高了 5%，比采用 EMD 距离的方法提高了 1%。本章提出的信息融合的检索方法的结果明显优于采用单一局部特征描述子的检索结果，比传统 SVT 方法提高了 13%。

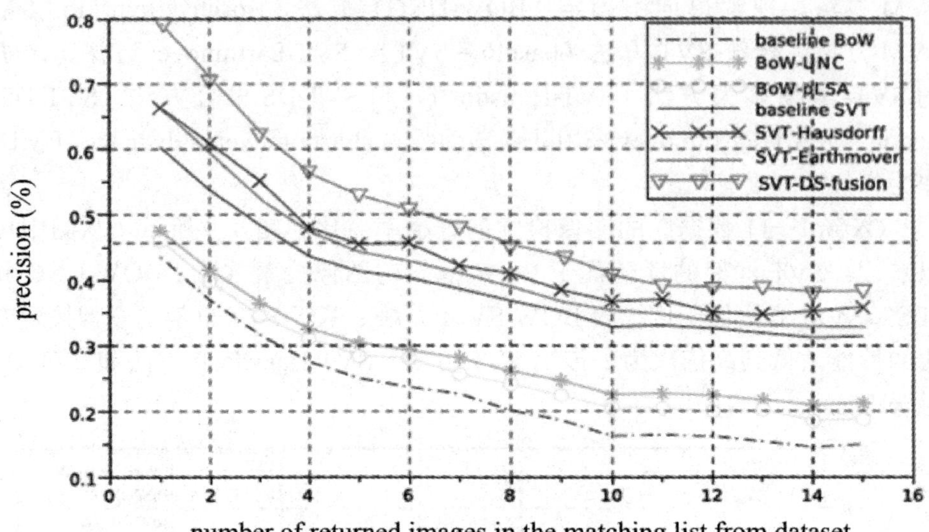


图 4-10 Corel-48 数据库检索的查准率

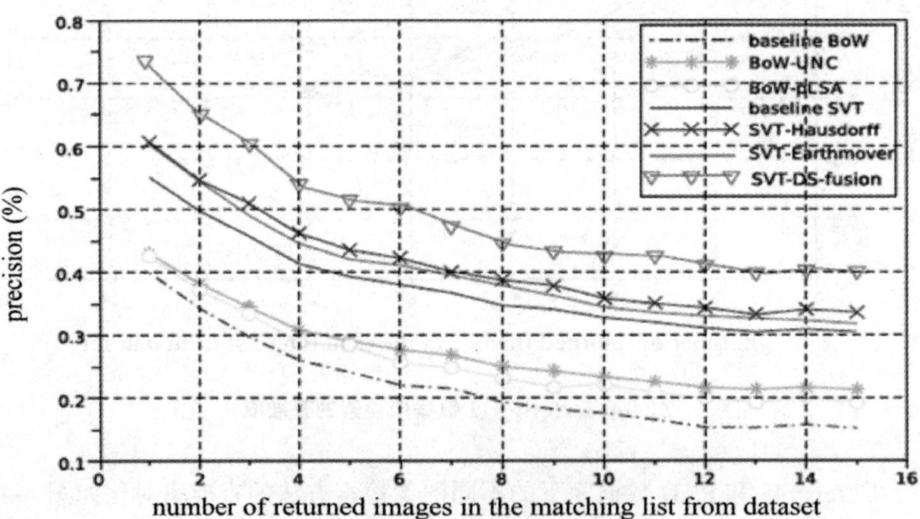


图 4-11 PKU 数据库检索的查准率

# 结 语

图像因其具有携带信息量大的突出优点而成为最高效的信息存储、传输和表达方式，图像数量资源呈海量状态、图像应用呈爆炸式增长。然而，图像检索技术远远滞后于数字图像本身的发展与应用，难以满足实际需求。

本书针对基于内容的图像检索中图像特征选择及其提取和相似性距离及其度量这两个关键环节进行理论和实验研究。在相似性距离及其度量环节，采用豪斯多夫距离进行相似性度量，采用成本函数对豪斯多夫距离进行了改进，通过理论分析和对比实验对改进的豪斯多夫距离进行了论证和验证。在图像特征选择及其提取环节，采用DS证据理论对多个特征度量进行融合形成融合度量，实现了多特征融合图像检索方法，通过对比实验进行了验证。针对适合大规模图像检索的可扩展词汇树SVT图像检索方法，采用改进的豪斯多夫距离和改进的DS组合规则以及核密度特征编码来提高检索准确度和效率，并通过图像检索实验进行了验证。因此，本书的研究取得了如下创新性研究成果：

**1. 提出了一种改进的豪斯多夫距离度量方法**

相似度度量方法的好坏将直接影响到图像检索的性能。豪斯多夫距离是用来描述点集之间距离的一种度量，在图像检索领域显示出很好的应用前景。然而，该距离对异常值等干扰极其敏感，干扰致使其度量准确性急剧下降。尽管提出了多种改进豪斯多夫距离的度量方法，但抗干扰能力仍不理想，特别是缺乏豪斯多夫距离及其改进直接用于图像检索的研究。为此，本书提出了一种改进的豪斯多夫距离，其中构建了一个成本函数作为豪斯多夫距离中的范数距离来调节原有距离值，同时具有平均效应和异常点剔除功能，并保持有一定的细节区分能力，既能反映出图像整体相似程度又能减小异常点等干扰的影响。针对不同图像数据库的验证实验结果表明，基于所提改进豪斯多夫距离的单特征和多特征融合图像检索方法的查准率明显优于基于其他距离的方法，而且验证了其具有抑制图像复杂背景影响等干扰的能力。

**2. 提出了一种多特征度量DS融合图像检索方法**

一方面，单一特征图像检索存在因图像特征少而导致的图像内容描述不足而检索准确度低等问题，但多特征融合的图像检索却能够弥补其不足而具有更高的检索准确率；另一方面，DS证据理论已被公认为是一种信息融合的有效方法并得到了广泛应用，但目前图像检索中却缺少采用DS证据理论进行特征融合的研究。有鉴于此，本书提出了一种基于改进豪斯多夫距离的多特征DS融合图像检索方法，其中同时采用改进的豪斯多夫距离分别对各个特征进行更准确的相似性度量，采用DS证据理论对所有特征度量进行融合形成融合度量，这既利用了多个图像特征之间的互补性又突出了查准率高的图像特征的作用。针对不同图像数据库的验证实验结果表明，基于采用DS证据理论进行多特征度量融合后，图像检索查准率显著高于基于单一特征的方法，也明显高于基于多特征度量等权重相加融合的方法。

**3. 提出了一种多特征度量融合可扩展词汇树SVT图像检索方法**

SVT方法因其良好的检索效率被广泛应用于大规模图像检索领域，但目前基于SVT的图像检索方法采用单一的局部特征描述子提取图像的特征，存在检索准确度不高的问题。为此，本书提出了一种多特征度量融合可扩展词汇树SVT图像检索方法，其中选择利用多个特征描述子进行检索，采用改进豪斯多夫距离分别对所有特征描述子进行更准确的相似性度量，在改进DS组合规则的基础上对特征描述子度量进行融合形成融合度量，这既实现了合理的加权融合又提高了检索效率。验证实验结果表明，采用CFHD距离、核密度特征编码、多特征度量DS融合均能有效提高图像检索的准确性，采用可扩展词汇树模型并改进DS组合规则能显著提高图像检索的效率，该方法优于现有SVT图像检索方法。

本书研究工作集中于构建和验证新的图像特征距离度量方法和图像检索方法，对于所提方法具体实现过程中涉及的一些问题尚有待进一步研究，主要包括如下两个问题：

（1）本书研究注重提高图像检索方法的抗干扰能力和准确性，仅在方法选择和优化方面考虑了图像检索效率，如采用可扩展树SVT模型来提高检索效率、改进DS组合规则来提高检索效率，但在所提方法具体算法实现过程中缺少提高检索效率的措施。

（2）本书引入DS证据理论形成了基于内容的图像检索方法，但受到高度冲突证据的限制，同时冲突证据合成问题也一直是证据理论需要解决的问题之一。

# 参考文献

[1]BHAGYALAKSLUNI A, VIJAYACHAMUNDEESWARI V. A Survey on Content Based Image Retrieval Using Various Operators[C]. 2014 IEEE International Conference on Computer Communication and Systems(ICCCS 14), 2014, Feb 20-21, Chennai, india.

[2]MEHWISH R, MUHAMMAD I, MUHAMMAD S, et al. Content Based Image Retrieval: Survey[J]. World Applied Sciences Journal, 2012, 19 (3): 404-412.

[3]MONIKA S. Content based Image Retrieval Survey of Feature Selection and Matching Techniques[J]. International Journal of New Innovations in Engineering and Technology, 2016: 11-19.

[4] Juneja K, Verma A, Goel S,etal. A Survey on Recent Image Indexing and Retrieval Techniques for Low-level Feature Extraction in CBIR systems[C]. 2015 IEEE International Conference on Computational Intelligence & Communication Technology, 2015: 67-72.

[5] JIN Zhenlu , WANG Xuezhi, MARK M,et al. Landmark ection for scene matching with knowledge of color histogram[C]. 17th International Conference on Information fusion(FUSION), 2014: 1-8.

[6]LACHEHEB H, AOUAT, S. SIMIR: New mean SIFT color multi-clustering image retrieval[J]. Multimedia Tools & Applications, 2016: 1-22.

[7]PALLIKONDA S S, RAMA KRISHNAK S , MURALI KRISHNAI V . Content based Image Retrieval based on Different Global and Local Color Histogram Methods: A Survey[J]. Journal of the Institution of Engineers, 2016: 1-7.

[8]SAVITA G, NANDINI S. Content Based Image Retrieval: Survey and Comparison of CBIR System Based on Combined Features[J]. International Journal of Signal Processing, Image Processing and Pattern Recognition, 2015, 8(10): 155-162.

[9]ERCHAN A, SEBASTIEN L. Morphological description of color images for content-based image retrieval[J]. IEEE transactions on image processing, 2009, 18(11) : 96-103.

[10]BIKESH K S, BIDYUT M. Content Retrieval from X-RAY Images Using Color &Texture Features[J]. International Journal of Electronics Engineering, 2010, 2(1): 25-28.

[11] 张鑫，肖潇，王宪保，等．基于均匀区域分割的图像检索研究 [J]．计算机科学，2012，39(6)：255-257.

[12]PIETIKAINENM, NIEMINENS,MARSZALEC E,et al.Accurate color discrimina-tion with classification based on feature distributions[C]. Proceedings of 13th International Conference on Pattern Recognition, 1996: 833-838.

[13]SHEN Xumei, ZHOU Juxiang, XU Tianwei. Minority costume image retrieval by fusion of color histogram and edge orientation histogram[C]. 2016 IEEE/ACIS 15th International Conference on Computer and Information Science, 2016: 1-7.

[14] 黄仁，胡敏．综合颜色空间特征和纹理特征的图像检索 [J]．计算机科学，2014，41(S1)：118-121.

[15]ASHUTOSH G, GANGADHARAPPA M. Image retrieval based on color shape and texture[C]. International Conference on Computing for Sustainable Global Development, 2015: 2097-210.

[16]ZENG Shan, RUI Huang, JUN Bai. Image retrieval based on color-spatial histograms[C]. Internatioanal Conference on Systems & Informatics, 2015: 780-784.

[17]CHEN Xiuxin , ZHENG Ya, YU Chongchong, cheng Gao. Image retrieval based on color and texture features[C]. International Conference on Fuzzy System and Knowledge Discovery, 2012(7): 1816-1819.

[18]ZHAO Xueliang, CHEN Yuwen, ZHONG Kunhua, et al. Image retrieval algorithm based on color block histogram[C]. International Conference on Communication Systems and Network Technologies (CSNT), 2015: 593-542.

[19]HUANG J,KUMAR S R, ZABIH R. An automatic hierarchical image classification scheme[C]. in Proc. ACM Int. Conf. Multimedia, 1998: 219-228.

[20]SMITH JR, LI C. Image classification and querying using composite region templates[J]. Computer Vis. Image Understand, 1999(75): 165-174.

[21]WANG JZ, LI J, WIEDERHOLD G.SIMPLI city: semantics-sensitive integrated matching for Picture libraries[J]. IEEE Trans. Pattern Anal. Mach. Intell, 2001, 23(9): 947-963.

[22]SUN lijuan, HU fengqi. Research on colour and texture feature based image retrieval[C]. International Conference on Intelligent Transportation, Big Data & Smart City (ICITBS), 2015: 626-628.

[23]JYOTHI B, MADHAVEELATHA Y,KRISHNA MOHAN P G. Region based texture descriptor for content based medical image retrieval using second order moments[C]. International Conference on Innovations in Information, Embedded and Communication Systems (ICIIECS), 2015: 1-4.

[24]VELAZCO-PAREDES Y, ROXANA F Q, RAQUEL E. Patino Escarcina. Region-based image retrieval using color and texture features on irregular regions of interest[C]. IEEE Colombian Conference on Communication and Computing (IEEE COLCOM 2015), 2015: 1-6.

[25] 王琨，齐会来，杨波，等．基于纹理的图像检索算法 [J]．空军工程大学学报，2008，9 (3)：54-57.

[26]KUMARAN N, BHAVANI R, ELAMATHI E. MRI image retrieval based on texture spectrum and edge histogram features[C]. International Conference on Communications & Signal Processing, 2013:1059-1063.

[27]HE Zhang, JIANG Xiuhua . An improved algorithm based on texture feature extraction for image retrieval[C]. International Conference on Fuzzy Systems & Knowledge Discovery, 2015: 1270-1274.

[28]JAYANTHI K, kARTHIKEYAN M. Efficient fuzzy color and texture feature extraction technique for content based image retrieval system[C]. IEEE International Conference on Computational Intelligence & Computing Research, 2014: 1-5.

[29]PALLAVI B, PRADEEP R, VIJAY B. WAGBIR: wavelet and Gabor based image retrieval technique for the spatial-color and texture feature extraction using BPN in multimedia database[C]. International Conference on Computational Intelligence & Communication Networks, 2014: 284-288.

[30]FADAEI S, AMIRFATTAHI R, AHMADZADEH M R. Local derivative radial patterns: A new texture descriptor for content-based image retrieval[J]. SIGNALPROCESSING, 2017, 137: 274-286.

[31]TIWARI A K, Kanhangad V, Pachori R B. Histogram refinement for texture

descriptor based image retrieval[J]. Signal processing-image communication, 2017, 53: 73-85.

[32]LI Chaorong, HUANG Yuanyuan, ZHU Lihong. Color texture image retrieval based on Guassian copula models of Gabor wavelets[J]. Pattern recognition, 2017, 64: 118-129.

[33]ASHWANI K.YADAV R R, Varshali, Archek P K. Suvey on Content-based Image Retrieval and Texture Analysis with Applications[J]. International Journal of Signal Processing, Image Processing and Pattern Recognition, 2014, 7(6): 41-50.

[34]SILKAN H, OUATIK S, LACHKAR A. Extreme curvature scale space for efficient shape similarity retrieval[J]. International ARAB Journal of Infirmation Technology, 2016, 13(6A): 791-800.

[35] 耿春云，郭显久. 基于仿生模式识别算法的海洋微藻识别研究 [J]. 大连海洋大学学报，2014，29(5)：525-529.

[36]SOKIC E, KONJICIJA S. Phase preserving fourier descriptor for shape-based image retrieval[J]. Signal Processing Image Communication, 2015, 40(C): 82-96.

[37]HASSAN S, AMAL T. A new shape descriptor 2D for content based image retrieval[J]. Complex System, 2014: 670-674.

[38]MANOJ D.chaudhary, Abhay B.Upadhyay. Integrating shape and edge histogram descriptor with stationary wavelet transform for effective content based image retrieval[C]. International Conference on Circuit, 2015: 1522-1527.

[39]He Yan, Yang Lei, Zhang Yichun , et al. The binary image retrieval based on the improved shape context[J]. International Congress on Image & Signal Processing, 2014: 452-456.

[40]KAMEL B, LAKHDAR B, AMINA B,et al. Region based image retrieval using shape-Adaptive DCT[C]. IEEE China Summit & International Conference on Signal & Information Processing, 2014: 470-474.

[41]ISMAIL K K, You Lihua,ZHANG JianJun . A Survey of 2D and 3D Shape Descriptors[C]. 2013 10th International Conference Computer Graphics, Imaging and Visualization, 2013: 1-10.

[42]HUANG Min, SHU Huazhong, MA Yaqiong. Content-based image retrieval technology using multi-feature fusion[J]. Optik - International Journal for

LIGHT AND ELECTRON OPTICS, 2015, 126(19): 2144-2148.

[43]ANANDH A, MALA K, SUGANYA S. Content based image retrieval system based on semantic information using color, texture and shape feature[C]. 39International Conference on Computing Technologies & Intelligent Data Engineering, 2016: 1-8.

[44]JAGADEESH P,PUSHPALATHA S N , PADMASHREE D. Content-Based image retrieval using color and shape descriptors[C]. IEEE International Conference on Signal & Image Processing, 2010: 239-242.

[45]FU chengyou, ZHANG cong. The technique of color and shape-based multi-feature combination of trademark image retrieval[C]. International Conference on Multimedia Technology, 2010: 1-5.

[46]WANG Guolei, SUN Junding. Image retrieval based on color and texture[C]. International Conference on Computer Science & Network Technology, 2013: 222-225.

[47]DAISY M M H, TAMILSELVI S,GINU MOL J S. Combined texture and shape features for content based image retrieval[C]. International Conference on Circuits, 2013: 912-916.

[48]HARIKRISHNA G N R,SHEN Xiaobo, K.Sai Deepak,etc. Hybrid feature to encode shape and texture for content based image retrieval[J]. Image Information Processing, 2011: 1-6.

[49]ZHENG Xiaofei, TANG Bing, GAO Zhe. Study on image retrieval based on image texture and color statistical projection[J]. Neurocomputing, 2016, 215:217-224.

[50]SINGH C, KAUR K P. A fast efficient image retrieval system based on and texture features[J].Journal of Visual Communication and Image Representation, 2016, 41:225-238.

[51] 陈卫兵．几种图像相似性度量的匹配性能比较 [J]．计算机应用，2010(30)：98-100.

[52] 邬俊，林正奎，鲁明羽，等．基于不对称贝叶斯学习的图像检索相关反馈算法 [J]. 南京大学学报自然科学，2009，45(5)：604-612.

[53] 张闯，王婷婷，孙冬娇，等．基于欧氏距离图的图像边缘检测 [J]．中国图像图形学报，2013，18（2）：176-183.

[54] 谭飞刚，刘伟铭，黄玲，等．基于加权欧式距离度量的目标再识别算法 [J]．华南理工大学学报，2015（9）：92-97.

[55]DI Jia, JIN Feng, XUE pinghe, et al. A method of color image edge extraction based on Manhattan distance map[C]. International Conference on Natural Computation, 2014 , 23 (1): 990-994.

[56] 贾迪，孟祥福，孟录，等. RGB 空间下结合高斯曼哈顿距离图的彩色图像边缘检测 [J]. 电子学报，2014，42(2)：257-263.

[57] 徐先传，张琦. 基于 LBP 算子与 EMD 距离的医学图像检索 [J]. 微计算机信息，2009，25(9)：275-276.

[58] 张文景，徐晓鸣，苏键锋. 基于 Hausdorff 距离的 2D 形状匹配改进算法 [J]. 中国图象图形学报，2000，5(2)：106-109.

[59]SUN Lifan,ZHANG Sen,JI Baofeng, et al. Performance evaluation for shape estimation of extended objects using a modified hausdorff distance[C]. 2016IEEE International Conference on Information and Automation, 2016: 780-784.

[60]VIZILTER Y V, ZHELTOV S Y. Projective morphologies and their application in structural analysis of digital images[J]. J Comput Syst Sci Int, 2008（47）: 944-958.

[61]VIZILTER Y V, ZHELTOV S Y. Similarity measure and comparison metrics for image shapes[J]. J Comput Syst Sci Int, 2014(4): 542-555.

[62]VIZILTER Y V, ZHELTOV S Y. Geometrical correlation and matching of 2D images shapes[J]. ISP R S Ann Photogramm R emote Sens Spatial Inf Sci, 2012(1): 191-196.

[63]AMBAR D, AVIJIT K,CHATTERJI B N . A new approach to corner matching from image sequence using fuzzy similarity index[J]. Pattern Recognition Letters, 2011(32): 712-720.

[64]GUO X, CAO X. Good match exploration using triangle constraint[J]. Pattern Recognition Letters, 2012, 33(7): 872-881.

[65]HUANG X Q, XIONG Y M,LIAO MZW , et al. Accurate point matching based on combined moment invariants and their new statistical metric[C]. Proceedings of the 2007 International Conference on Wavelet Analysis and Pattern Recognition, Beijing, China, 2007(1): 376-381.

[66]GUHA T,WARY RK . Image Similarity Using Sparse Representation and Compression Distance[J]. IEEE Transactions on Multimedia, 2014, 16(4): 980-987.

[67]BEECKS C,KIRCHHOFF S,SEIDL T. On stability of signature-based

similarity measures for content-based image retrieval[J]. Multimedia Tools and Applications, 2014, 71(1): 349-362.

[68]APERGIS N ,OZTURK I. Testing environmental Kuznets Curve hypothesis in Asian countries[J]. Ecological indicators, 2015(52): 16-22.

[69] 赵春晖，尤伟，齐滨，等. 基于 Hausdorff 度量的高光谱异常目标检测算法 [J]. 哈尔滨工程大学学报，2016，37(7)：979-985.

[70] 吴乐，凌晨，周霁婷，等. 基于改进 Hausdorff 距离的运动目标自动跟踪算法 [J]. 电子测量技术，2014，37(4)：56-60.

[71] 华天波，吴涛，倪国新. 基于 Hausdorff 距离的 SAR 图像匹配方法 [J]. 火力与指挥控制，2014，37(2)：181-189.

[72] 李伟峰，周金强，方圣辉. 基于改进 Hausdorff 距离的图像配准方法 [J]. 国土资源遥感，2014，26(2)：93-98.

[73]Sim D G, Kwon O K, Park R H. Object matching algorithms using robust Hausdorff distance measures[J]. IEEE Transactions on Image Processing, 1999, 8(3): 425-429.

[74] 徐旭，张风丽，王国军，等. 基于 Hausdorff 距离的城区高分辨率 SAR 图像配准方法研究 [J]. 遥感信息，2014，29(3)：73-77.

[75] 王坚强 , 王丹丹. 基于扩展灰数 Hausdorff 距离的随机多准则决策方法 [J]. 控制与决策，2014，29(10)：1823-1827.

[76] 杨学文，冯志全，黄忠柱，等. 结合手势主方向和类 Hausdorff 距离的手势识别 [J]. 计算机辅助设计与图形学学报，2016，28(1)：75-81.

[77] 陈泽华，尚晓慧，柴晶. 基于混合 Hausdorff 距离的多示例学习近邻分类器 [J]. 山东大学学报 ( 工学版 )，2016，46(6)：15-22.

[78] 聂斌，孙会东，李佩，等. 基于改进豪斯多夫距离的非参数轮廓变点识别 [J]. 中国机械工程，2015，26(8)：1029-1034.

[79] 李志军，刘松林，牛照东，等. 基于梯度相位和显著性约束的 Hausdorff 距离模板匹配方法 [J]. 红外与激光工程，2015，44(2)：745-780.

[80] 甘新胜. 一种基于改进 Hausdorff 距离的图像匹配方法 [J]. 指挥控制与仿真，2014，34(4)：117-120.

[81] 高伟，赵博，周广涛. 基于带约束人工蜂群算法和平均 Hausdorff 距离的重力匹配方法 [J]. 传感技术学报，2014，27(1)：74-78.

[82] 高晶，孙继银，刘婧. 基于邻域灰度信息的 Hausdorff 距离图像匹配方法 [J]. 计算机应用，2011，31(3)：741-744.

[83]WU Junfeng. A Discriminative Spatial Bag-of-word Scheme with Distinct

Patch[C]. International Conference on Audio, 2015: 266-271.

[84]BOUDAREN. Dempster-shafe Fusion of Evidential Pairwise Markov Chains[J]. International Journal of Approximate Reasoning, 2016, 74 (6) : 13-29.

[85]SHAFER, G. A Mathematical Theory of Evidence[M]. Princeton University Press, 1976: 105-109.

[86]SIVIC J,ZISSERMAN A. Video Google: A text retrievalapproach to object matching in videos[C]. IEEE International Conference on Computer Vision, 2003(2): 1470.

[87]NISTER D,STEWENIUS H. Scalable recognition with a vocabulary tree[C]. In IEEE Computer Society Conference on Computer Vision and Pattern Recognition, 2006(2): 97-102.

[88]LI Y,CRANDALL DJ ,HUTTENLOCHER DP . Landmark classification in large-scale image collections[C]. In IEEE 12th International Conference on Computer Vision, 2009: 1957-1964.

[89]GIROD B,CHANDRASEKHAR V,CHEN DM . Mobile visual search[J]. IEEE Signal Processing Magazine, 2011, 28(4): 61-76.

[90]CHEN DM ,BAATZ G,KOSER K. City-scale landmark identification on mobile devices[C]. In IEEE Conference on Computer Vision and Pattern Recognition, 2011: 737-744.

[91]JI R,DUAN LY,CHEN J. Pkubench: a context rich mobile visual search benchmark[C]. In 18th IEEE International Conference on Image Processing, 2011: 2545-2548.

[92]LOWE DG. Distinctive image features from scale-invariant keypoints[J]. International Journal of Computer Vision, 2004, 60(2): 91-110.

[93]LOWE DG. Object recognition from local scale-invariant features[C]. IEEE International Conference on Computer Vision, 1999: 1150-1157.

[94]Lacheheb H, Aouat S. SIMIR: New mean SIFT color multi-clustering image retrieval[J]. Multimedia Tools & Applications, 2016: 1-22.

[95]QAMRA A,CHANG EY. Scalable landmark recognition using extent[J]. Multimedia Tools and Applications, 2008, 38(2): 187-208.

[96]BO L,REN X,FOX D. Hierarchical matching pursuit for image classification:architecture and fast algorithms[J]. In Advances in neural information processing systems, 2011: 2115-2123.

[97]DREUW P,STEINGRUBE P,HANSELMANN H, etc. Surf-face: face recognition under viewpoint consistency[C]. British Machine Vision Conference, 2009: 1-11.

[98]LAZEBNIK S,SCHMID C ,PONCE J . Beyond bages of features: spatial pyramid matching for recognizing natural scence categories[C]. In IEEE Conference on Computer Vision and Pattern Recognition, 2006: 2169-2178.

[99]BAATZ G,KOSER K,CHEN D， etc.Leveraging 3d city models for rotation invariant place-of-interest recognition[J]. International Journal of Computer Vision, 2012, 96(3): 315-334.

[100]Baatz G,KOSER K,CHEN D,etc. Handing urban location recognition as a 2d homothetic problem[C]. In European Conference on Computer Vision, 2010, 63(16): 266-279.

[101]ZHANG J,MARSZALEK M,LAZEBNIK S, etc. Local features and kernels for classification of texture and object categories: a comprehensive study[C]. In IEEE Conference on Computer Vision and Pattern Recognition Workshop, 2006: 130-136.

[102]TOLA E,LEPETIT V,FUA P. A fast local descriptor for dense matching[C]. In IEEE Conference on Computer Vision and Pattern Recognition(CVPR), 2008: 49-53.

[103]TOLA E,LEPETIT V,FUA P.Daisy: an efficient dense descriptor applied to wide-baseline stereo[J]. IEEE Transactions on Pattern Analysis & Machine Intelligence, 2010, 32(5): 815.

[104]KHAN N,MCCANE B,MILLS S. Better than sift[J]. Machine Vision and Applications, 2015, 26(6): 819-836.

[105]NISTER D,STEWENIUS H. Scalable Recognition with a Vocabulary Tree[C]. In 2006 IEEE Computer Society Conference on Computer Vision and Pattern Recognition , 2006: 21-27.

[106]YueHaosong. Visualizing bag-of-words for high-resolution remotes sensing images classification[J]. Journal of Applied Remote Sensing, 2016,10 (1): 15-22.

[107]SCOT DW. Multivariate density estimation[J]. Annals of Mathematical Statistics, 2015, 34(1): 191-198.

[108]GREENGARD L,SUN X. A new version of the fast gauss transform[J]. Documenta Mathematica Extraicm, 1998: 575-584.

[109]YANG Xiaopeng. Web image-search Re-ranking with click-based similarity and typicality[J]. IEEE Transactions on Image Processing A Publication of the IEEE Signal Processing Society, 2016, 25 (10): 4617-4630.